濟州方言詩集 제주방언시집

유채고장 피민 삼월이우다

濟州方言詩集 제주방언시집

유채고장 피민 삼월이우다

■ 월랑 문희주 시인

이담 Books

프롤로그

어느 詩文學 서장을 보았더니 "우리가 발표하고 있는 것들은 습작이거나 그보다 더 못한 것들이거나 둘 중 하나밖에 있을 수 없네……."라고 하였다. 그의 말을 들으니 주눅이 들어서 도무지 쑥스러움을 가눌 수가 없었다.

그러다 모씨의 「詩 創作法」을 읽던 중에 용기를 내었다. "詩가 무엇인가? 詩가 어떻게 감수되는가? 詩가 무엇으로 표현되는가를 다 잊어버리시길 권합니다. 왜 그러냐 하면 이것을 다 몰라도 詩를 사랑하는 마음은 전부가 양심이기 때문이요, 詩와 결혼한다면 절로 詩를 낳을 것이니 詩를 생탄하는 육신은 생명의 본연상이기 때문입니다."

詩를 사랑하므로 용기를 내었다. 그리고 고향과 핏줄과 이웃과 전설과 한이 어우러진 내 유년의 기억들을 돌아보기로 하였다. 그것들은 곧 나의 피가 흐르는 슬프고도 아름다운 추억의 詩想들이다. 그때는 별나지도 않은 우리 시대 모두의 이야기이지만 그러나 우리 아이들에게 꼭 들려주고픈 오늘의 우리를 있게 한 삶의 모습이기 때문이다.

중국 연변에서 16번째 봄을 보내고 있다. 컴퓨터 속에서 몇 년 넘도록 겨울을 보내다가 새로이 출판하게 되었다. 아버님 생전에 당신이 보셨던 몇 편의 詩도 있는데 아마도 그분이 보셨다면 누구보다 기뻐했으리라 생각된다.

벳세다 광야에서 보리떡 다섯 개로 오천 명을 먹이신 주님이 제자들에게 "남은 조각을 거두고 버리는 것이 없게 하라." 하시므로 거두니 남은 조각이 열두 바구니에 찼더라는 말씀을 생각하며 변변치 않은 것들을 거두어 본다.

이 詩集을 편집하는 과정에서 많은 고심을 하였다. 詩로서의 文學性이나, 내면의 사상, 철학, 신앙 등의 문제와 고어(또는 제주방언)를 보존하여 전하고 싶은 욕심 등이 있었다. 그래서 관주나 참고주 등을 본문 아래 배열(풋노트)하였다가 최종적으로는 본문 뒤에 모두 묶어서(미주) '찾아보기' 난을 만들어 배열하였다. 도움을 주신 김영

일, 이세아 선생님께 감사드린다.

아울러 본 詩篇을 책으로 엮어 준 한국학술정보(주) 채종준 대표님과 편집에 수고해 주신 여러분들께 감사 올린다. 또한 함께 문학하는 재중문인협회 연변회원들과 연변시인협회 여러분, 그리고 고향 제주문협회원들과 목양문학회원, 광나루문인회원님들과도 이 詩集을 함께 나누고 싶다.

2010년 음력 3월 보름
중국 길림성 연길시 부루허퉁하강변에서

월랑 文熙周

차 례

제주에 오거들랑 입을 다뭅서

ᄀᆞ는ᄀᆞᆽ 부는 ᄇᆞᄅᆞᆷ

돌아오지 않는 배

유채ᄀ장 피민 삼월이우다

제주드르 제주오름

제주드르 제주오름 정월 ᄇ름엔
드르도 오름도 불이 탐내다
밤마당 밤마당 불이 탐내다.

드르탈 때 가시타곡 진독도 타듯
가난도 설룸도 ᄀ치 타불렌
이 ᄆ심ᄀ치 ᄆ큰ᄆ큰 불이 탐내다.

제주드르 제주오름 불 탄듸마다
드르에 오름에 새 촐 날 때민
ᄌ녁으로 아침으로 솟아 남내다

곰짝곰짝 고사리 곰짝 ᄌ막평나민
고사리 꺽곡 고사리 숨 듯 경 살커우다
가난 꺽곡 설름 숨 듯 경 살커우다.

촐ᄀᆞ치 ᄑᆞ렁허게 다시 나쿠다
제주드르 제주오름 촐자랄 때민
드르엔 쇠, 오름엔 ᄆᆞᆯ ᄀᆞ득ᄒᆞ우다.

제주드르 제주오름 우마牛馬 살 듯이
ᄒᆞᆫ낮에도 ᄒᆞᆫ밤에도 ᄀᆞ치ᄀᆞ치
제주 이웃 우마牛馬ᄀᆞ치 기영 살쿠다.

영등할망

세게물 ᄌᆞ슬엔 ᄇᆞ름도 쎄연
쎈ᄇᆞ름 불언 이 ᄌᆞ녁 밤 듬북 들꺼여

밤새낭 밤새낭 바당은 울고
우는 바당 소리에 잠 못 잤저게

영등할망 마즈러 가젠 ᄇᆞ름은 불고
영등할망 올라 왐젠 바당 울엄저

부는 ᄇᆞ름 우는 바당 영등들엔
바당도 ᄇᆞ름이영 ᄀᆞᆽ치 울엄저

철 바뀌염수다

ᄌᆞ슬 가는 거 담수다, 저어—기 마씸
유채ᄀᆞ장 동끝,
동끝에 마씸
물올란 ᄀᆞᆷ은게 ᄑᆞ래점수꿰

봄 오는 거 담수다, 요오—기 마씸
유채ᄀᆞ장 ᄀᆞ장,
ᄀᆞ장에 마씸
햇살 탄 ᄑᆞ란 게 노래점수다

봄 가는 거 담수다, 저어—기 마씸
유채ᄀᆞ장 지연 요름왐수다.
요름에 노오란 게 히어점수다.

유채ᄀᆞ장 피민 삼월이우다 1

어린 닢 조는 정월이우다
시방은 국거리 ᄂᆞ물이라도
유채ᄀᆞ장 피민 삼월이우다.

졸던 닢 깨나는 영등들에
동김치 해먹으랜 동세원마씸
유채ᄀᆞ장 피민 삼월이우다.

동세운 ᄀᆞ지에 고장 폅수다
삼월에 노오란 유채곳마씸
유채ᄀᆞ장 피민 삼월이우다.

우러멍 시집온 삼월이우다
노오란 저고리 새색시마씸
유채ᄀᆞ장 피민 삼월이우다.

유채ᄀᆞ장 피민 삼월이우다 2

해방의 기쁨 먹쟤네도 사람직ᄒᆞᆫ 날 애국을 노래허멍 무리 집데다
ᄒᆞᆫ쪽은 우右엔허곡 ᄒᆞᆫ쪽은 좌左엔 허주넵데다
우右가 좌左를 혼줄내민 좌左는 우右를 맥살 자브멍 제주 봄을 ᄎᆞᆽ으켄 모라둡데다

ᄒᆞᆫ편은 동백으로 피어납데다 제주산을 벌겅허게 물들입데다
난 싫수다, 난 싫수다 불근 동백ᄀᆞ장 아니라 마씸

제주 봄은 시영허연 신수선이엔 수선ᄀᆞ치 히영해사 살거엔해도
난 싫수다, 난 싫수다 신ᄀᆞ장 수선도 아니라 마씸.

어느 날 동백은 피토헨 죽곡 수선도
빛ᄇᆞ랜 날 울멍울멍 나가보난 노랑헙데다

눈물눈물 피어난 노랑헙데다 제주 ᄆᆞᆫ다 기ᄃᆞ리던 ᄒᆞ나된 봄,
유채ᄀᆞ장 피민 삼월이우다.

유채ᄀᆞ장 피민 삼월이우다 3

ᄒᆞᆯᄅᆞ산漢拏山을 두루던 회색구름은 거두어수다 구분 못ᄒᆞ던 ᄒᆞ늘
광 바당이 이녁의 얼굴을 ᄎᆞᆫ거 담수다
그 요름, 개구리 합창을 듦은 물 만난 ᄌᆞᆷ녀들,
ᄌᆞᆷ녀들의 휘ᄑᆞ름이 다시 ᄎᆞᆫ 바당에서 들려왐수다
ᄌᆞ슬을 용납ᄒᆞ지 않던 ᄌᆞᆷ녀들이 해방을 따 올린 삼월이우다
ᄒᆞ늘은 ᄒᆞ늘의 비추로, 바당은 바당의 비추로 돌아갑데다
ᄌᆞᆷ녀들이 만세소리가 바티서 노랑허게 터져남수다
타버련 더 타지 않을 혼숨 뿌려진 곳마다 무리집데다

그것은 용서
그것은 ᄉᆞ랑
그것은 시작

아니, 그것은 곧 당신들 ᄌᆞ신
유채ᄀᆞ장 피민 삼월이우다.

유채ᄀ장 피민 삼월이우다 4

유채ᄀ장 피연 삼월왐신디
진쟁이ᄆ루에 보미 오는디
기영해도 보지 못헐 우러멍, 우라방아

봄날 ᄒᆫ때 지는 벼티 겨영 누웁데가
아방도 어멍도 뵈지 안 햄신디
바당 소리에 오름 눈물만 보멍 드럼수다.
동녘 제주바당 말이 어신디
青雲의 꿈을 품던 아방 바당은
일본으로 유학 가던 그 바당 아닙데가?

열여섯 셋놈 배태완 보내노콕
어떵살코 ᄌ드란 바당우런 줌 못 드런,
줌 못 들던 불민의 바당이엔 허잖읍데가

漢拏山 자애로완 너른 치매 감싸는디

유채ᄀᆞ장 피거들랑 아들아 오라기여
소 키우곡 ᄆᆞᆯ 키우멍 나영 ᄒᆞᆫ번 ᄉᆞ라 보게
경해도 다 못 주언 ᄃᆞ랑쉬오름에 젓 걸어노콕
이제랑 왕 혼디살랜 ᄒᆞ던 우러멍
그 소리 생각해연 미어진 ᄆᆞᆷ 알쿠과

진쟁이ᄆᆞ루에 봄 왐신디
노린물 번번 어멍 ᄆᆞ심 열어노난
유채ᄀᆞ장 피언 삼월이우다.

웡이자랑

새 촐 날땐 프릇프릇
궂은날 밤 날은 촉촉
하늘 왁왁, 땅도 왁왁, 왁왁허우다
애기배연 죽은 메누리 자장가우다
웡이 웡이 웡이자랑 잘자랜마씸.

시집완 석 삼년에 한 번 본 서방
서방님 얼굴은 ᄀ물ᄀ물
ᄒ룻밤에 만리성 싼덴 허연게
님간 빈자리에 배부러수다
부른 배 쓸멍 부는 자장가우다
웡이 웡이 웡이자랑 잘자랜마씸.

시어멍 세화장날 물애기 구덕
첫 손지 키우랜 구덕사수다
님 보듯 애기구덕 밤새원 보멍

빈 구덕 웡이자랑 흔들어수다
웡이 웡이 웡이자랑 잘자랜마씸

황국군인 징병간 서방님얼굴
손 때묻언 낡근 서방님얼굴
ᄆᆞ심은 청춘인디 빛바랜 사진
새각시 얼굴보단 빛은 바래고
ᄆᆞ심채원 애기구덕 흔들엄수다
웡이 웡이 웡이자랑 잘자랜마씸.

왈칵 몰아친 태풍이우다,
아덜 잃은 어멍 눈물이우다.
설룬 새끼 설룬 새끼 두건둥이야
나 어떵허랜 니 ᄒᆞᆫ자 앞서가저니
설룬 새끼 설룬 새끼 두건둥이야.

어머님 무사기영 울엄수꽈,
애가방 무신일 당헌거우꽈?
애가 애가 메눌애가 이저불라게
병풍에 그린 ᄃᆞᆰ 회치민 온덴햄져 이저불라게
우래기 어떵허랜 이저붐네까

난 어떵허랜 이저붐네까
웡이 웡이 웡이자랑 기다려신듸……
애갸 애갸 일어나라 어떵허느니
애갸 애갸 일어나라 어떵허느니
우리 손진 어떵허랜 ᄀ치감시니
일어나라 일어나라 무사 경 햄시니 그만ᄒ라게

ᄒ느님 ᄒ느님 어떵헙내까?
아들 죽언 뼈 못 찾곡,
메누리 죽언 손지 잃곡
이 무신 일이우꽈?
ᄒ날 둘 죽엉 어떵헙네까?

멘수동 소낭밭, 소낭바티
메누리 묻엄수다 애기구덕도
구천서도 우리손지 구덕 흔들랜
웡이웡이 웡이자랑 구덕 흔들랜.

봄비왐져 웡이자랑 새출남져 웡이자랑
하늘와와 웡이자랑 땅도와와 웡이자랑
원한매천 웡이자랑 밤새도록 웡이자랑
웡이자랑 웡이자랑 잘자랜마씸
웡이자랑 웡이자랑 잘자랜마씸.

다원茶園

안개는 밤새 은총恩寵이우다
ᄇᆞᆼ울ᄇᆞᆼ울 내려 안잔 진주 됩네다

그분은 진주로 질을 내시곡
ᄉᆞᆯ포시 새ᄂᆞᆯ을 너울로 깝네다

열리는 ᄃᆞ원茶園은 천상天上
속세俗世를 이끄는 영혼靈魂의 질이우다

내 영혼靈魂 ᄌᆞ 그탱이 더 멀리로
그분ᄒᆞᆫ티 나가는 곱닥ᄒᆞᆫ 새 질이우다.

다우茶友

남녘 내 고향故鄕 서귀포 누이가
고향故鄕의 제주 찰(茶) 보내어수다
보드ᄅᆞᆸ고 ᄌᆞ근 모습
내 고향故鄕 누이를 너무나 ᄃᆞᆯ마수다

동골동골 곱게 ᄆᆞᆯ린 비바리 꿈이
불현듯 향수鄕愁로 찻술에 ᄃᆞᆷ견
ᄇᆞᆼ 울ᄇᆞᆼ 울 소리치멍 터져 남수다

ᄒᆞ늘보단 더 지튼 할ᄅᆞ漢拏 얼굴이
솜보당 더 시인 너울을 둘런
ᄋᆞ느 ᄎᆞᆷ에 다가완 내 품에 안겸수다

숨보다 더 푸른 ᄃᆞ원茶園의 비치
잔 ᄀᆞ득 꿈을 ᄄᆞ르멍 보민
찻잔에 향수鄕愁 넘천 눈에 아롱헴수다.

다색茶色

이 무신 비치꽈?
노랏도 안ᄒᆞᆫ 것이 ᄑᆞ랏치도 안ᄒᆞ고
노란 듯 ᄑᆞ랏고 ᄑᆞ란 듯 노오란
백자白瓷가 빚어낸 곱닥ᄒᆞᆫ ᄃᆞ색茶色

보릿빛, 그보단 더 요트고
산호바당 제주ᄑᆞ래 그보단 요튼
꿈속에 그리던 고향故鄕의 비깔
청자靑瓷가 울커낸 ᄑᆞ랑ᄒᆞᆫ ᄃᆞ색茶色

노인네 순복ᄒᆞᆫ ᄆᆞ심 ᄀᆞ튼
오래지 안 허여도 쌓여 뵌 연륜이
밀양서 전해온 황토黃土색 비깔
뜨뜻이 다가오는 분청糞淸빛 ᄃᆞ색茶色

ᄒᆞᆫ 모금 굴려 보곡 드려다보곡

또 ᄒᆞᆫ 모금 ᄀᆞ만이 굴려 ᄇᆞᆸ서게

ᄌᆞᆫᄌᆞᆫ이 물결치는 ᄃᆞ소곳홈이

잔광 더불언 더 곱닥ᄒᆞᆫ 色인 거슬

다향茶香

뚜껑을 열민
씩 안겨오는 내미
ᄒᆞᆫ 조각 ᄃᆞ숲茶林의 향내라마씸

월출산月出山의 향기인가?
섬진강 오르는 쌍계사 내미인가?
보성 아가씨 손끝에 내미인가?
아니우다,
가마금서 불어오는 ᄃᆞ풍茶風일 거우다.

용담정龍潭停 맥반석 ᄃᆞᆯ디ᄃᆞᆫ 물을
ᄉᆞᆯ째기 ᄃᆞᆯ구엉 예열해 노콕
ᄃᆞ기茶器에 ᄒᆞᆫ 술 노앙 숨 죽영 열민
어느ᄃᆞᆺ 펴오르는 시ᄁᆞᆺᄒᆞᆫ 실향

이제 알 것 ᄀᆞ튼 그 내미가
ᄀᆞ슴지피 ᄀᆞ득ᄀᆞ득 펴져 감신디
아즈방, 우리 ᄀᆞ치 ᄒᆞᆫ잔 드러봅주게

다미茶味

잔 ᄒᆞᆫ 번 굴령 ᄒᆞᆫ 모금 물곡
혀 ᄒᆞᆫ 번 구르난 목 끄티 가는듸
씁쓸 씁ᄊᆞ름

또 ᄒᆞᆫ닙 혀에 둰 다시 구르난
초인양 ᄑᆞᆺ감인양
시큼 ᄄᆞᆯᄄᆞ름

마지막 ᄃᆞ시 ᄒᆞᆫ닙 입안 구르난
네 가지 맛 ᄀᆞᆫ디 어시 새론 맛인듸
처음보단 끄치 조은 가나 진미엔

문주란 1

남녀킈 어느 먼, 머어언 옛날에
ᄇᆞ름 탄 와수다
물술 탄 와수다
밀리고 또 밀련 여기 와수다

꿩알인 듯 오골게 알만 ᄒᆞᆫ디
지나바당 넘어 수다 그 ᄌᆞ슬에
하늬ᄇᆞ름 탄 와수다 제주 ᄆᆞ술밭
ᄆᆞ술이 이불인 듯 ᄌᆞ슬나수다
정월도 영둥도 보내어수다

겡이가 날 보멍 굴려봅데다
굴려보당 찝어보당 내 버립데다
이건 먹지 못ᄒᆞᆯ 내미, 열대의 속트림이엔
겟장구도 장구 치듯 두드려보곡
술술 ᄌᆞ글려돈 그냥 갑데다
이 ᄌᆞ슬에 웬 지실?
튀개도 내버려돈 그냥 갑데다.

문주란 2

밀물 날 데련가젠 ᄆᆞᆷᄉᆞᆯ내수다
날 데려가젠, 데려가젠 외울러수다
시도록 백골 ᄀᆞ치 빛 바래수다
쑥도 ᄂᆞ기 전에 주름져수다

봄 바당 ᄑᆞ릇ᄑᆞ릇 ᄑᆞ린 ᄑᆞ래물
ᄑᆞ린 물에 샘내수다 ᄑᆞ리게 살젠
ᄑᆞ린 빛 내어도 이녁은 ᄆᆞᄉᆞᆯ
ᄆᆞᄉᆞᆯ바티 뿌리내릴 식물이엔

경해도 살거우다 ᄑᆞ린 비치로
틔끼 날 잡안 뭐랜헙데가
이녁도 신빛내민 벗해줄로랜
신빛내랜 신빛내랜 추구립데다

이건 기인, 기–인 홀림 이우다

맨도롱허게

ᄃᆞᄃᆞᆺ허게

왓싹허게

날 잡안 벗허젠 ᄆᆞᆷ술내수다

비치로왕, 비치로왕 어떵헙네까

경해도 날 벗허젠 ᄒᆞ는 그 소리

어떵ᄒᆞ코?

어떵헙네까 들어줘사주

문주란 3

죠만은 ᄌᆞ근 것도 내버리쿠다
맥도 빼곡 심도 빼곡 살크라마씸
비춰라도 봐줍서게 신비치우다, 티끼 벗허겐
벗허겐 ᄆᆞᆷ술내운 신비치우다

이젠 시들지 안헐 당당ᄒᆞ므로 살크라마씸
ᄆᆞ슬ᄇᆞ름 부러도 일 어수다게
내ᄇᆡ려도 ᄌᆞ슬ᄇᆞ름 이겨내쿠다

너른 니프로 버티쿠다 ᄆᆞ슬바티서
경해사 ᄌᆞᆷ녀 날왕 ᄃᆞ시 또 볼거우다
잠녀 벗행 살쿠다 당당ᄒᆞ므로
당당ᄒᆞ게 벗허멍 ᄀᆞ치 살쿠다

이별초

이른 봄, 이파리 먼저 피어난
이녁 오기 ᄒᆞᆫ철 기ᄃᆞ려수다

잎 지언 지철, 지나ᄀᆞ는디
내밀당 야개기 다 빠집데다.

초ᄀᆞ실, ᄀᆞ장피원 기다려수다
이녁을 만나던 그 입술로
들녀키 야개기 빼 기다려수다.

ᄂᆞᆯ 가고 ᄃᆞᆯ 가도 ᄆᆞᆫ날 수 어선
영원히 헤어정 피는 ᄀᆞᆺ이라
이별의 아픔으로 피토헴수다.

제주에 오거들랑 입을 다뭅서

고향의 봄 꿈

ᄌᆞ 멀리 다친 ᄒᆞ늘을 열언
태초의 에덴ᄀᆞ치 ᄋᆞ련ᄒᆞᆫ 으납

불현듯 님인가 뛰는 ᄀᆞ심
기우려도 둘렁봐도 뵈지 안 해연

추억의 ᄒᆞᆫ ᄌᆞ락을 유채바티 펼쳐노왕
동백나무 울타리에 가둬 봐시민

경해도 모른채록 살려줍서게

ᄃᆞ랑쉬 불 올람저 봉화불이여
세화지서 불탐저게 저기 말이여
세화지서 불태와젠 되는 일이라
ᄆᆞ심 마ᄎᆞᆼ 사는 게 조은 일이주

밤이민 폭도들 ᄆᆞ실 내려완
아지방 무사 순경 도와 줍데가
얼굴은 ᄀᆞ려도 알암직 허여
경해도 모른채록 살려줍서게

나지민 순경들 ᄆᆞ실 올라완
아지방 어처녘 폭도 봅대가?
못 봐수다 이 구들에 영 이서수다.
경해도 모른채록 살려줍서게

차라리 ᄆᆞᆯ이민 ᄃᆞ르나 살주

차라리 괴기민 바당에 살주
ᄉᆞ름되영 ᄉᆞ름이 ᄉᆞ름 죽염져
경해도 모른채록 살려 줍서게

진드르 왕벗 낭

고향으로 가는 진드르에 눈이 내렴십데다
들이 저트록 ᄑᆞ랑ᄒᆞᆫ디
산이 저트록 푸렁ᄒᆞᆫ디
유채ᄀᆞ장 이룬 빛 봄 흐느러져신디
그실련 곰보진 ᄂᆞ진 울타리 우이 눈이 내렴십데다.

ᄒᆞ늘이 저트록 ᄆᆞᆰ짜앙ᄒᆞᆫ디
ᄒᆞ늘이 저트록 시ᄑᆞ렁ᄒᆞᆫ디
햇술이 이트록 눈이부신디
햇술이 이트록 멘도롱ᄒᆞᆫ디
ᄂᆞ진 지붕 우이 ᄌᆞᆷ든 ᄇᆞ름 모르게 눈이 내렴십데다.

소리 어시 ᄂᆞ리는 눈을 모릅네다, 이건
소리 없는 4.3의 ᄂᆞᆺ들이우다
소리 없는 4.3의 흐느낌이우다
소리 없는 4.3의 통곡, 통곡이우다.

그실련 곰보진 울타리 ᄀᆞ망 새로 배리던 눈들이
ᄂᆞ진 지붕 아래서,
쇠막광 도세기우리 속이서 싱긴 ᄂᆞᆾ들이 내렴십데다.

ᄀᆞ장이 피는 건 알아도
ᄀᆞ장의 외울름은 듣지 못해연
듣지 못핸 우린 싱겨수다
듣지 못ᄒᆞᆫ 우리 ᄊᆞ느렁험이 이 보미 ᄊᆞ느렁헌 눈이 되언 내렴십데다.

우러멍 ᄀᆞᆯ중의 보당 더 벌건 ᄀᆞᆷ불거진 젖 줄로 ᄌᆞ슬을 드리키지 아니협데가!
그 ᄀᆞᆷ은 젖꼭지에 돌던 신 반ᄌᆞᆷ이 설룹게,
설룹게 피눈물을 흘리지 안읍데가!

시방도 줄기마당 가지마당 피눈물,
피눈물 흘리지 안협데가!
누게도 모를 신 ᄂᆞᆾ들이 지는 거우다 ᄂᆞᆷ 모르게,
ᄂᆞᆷ 모르게 ᄂᆞᆾ들이 지엄십데다.

그 누게 제주서 태어난 이녁을
일본 땅 어디서 제주가 고향인 이녁을 지네들 국화엔 고집ᄒᆞ지

안읍데가, 가리우지 안읍데가?

고향으로 가는 진드르에 4.3의 ᄂᆖᇇ이 지염십데다
그실련 곰보진 ᄂᆞ진 울타리 우이 ᄇᆞ름이 불엄수다.
ᄂᆞ진 지붕우이 눈이 내렴수다
ᄂᆞ진 돌담우이 ᄂᆖᇇ이 내렴수다
유채ᄀᆞ장 흐드러젼 보미 아직 ᄒᆞᆫ창인디
고향 가는 진드르 질에 왕벚낭 ᄀᆞᆽ닢이 눈 되언내렴수다.

제주에 오거들랑 입을 다뭅서

제주에 오거들랑 입을 다뭅서
선 바위 모로 눈 돌
뒤 자란 낭도
제주선 돌도 낭도 말을 헙네다

선 듯 안진 듯 마러시 이서 뵈도
몇 철 년 거기시멍 ᄆ다 봐수다.
몇 백 산 낭 그 뜻 몰란 슬랑이는디
미시 거 알미로렌 말을 허쿠가

ᄇ름은 언제나 센 듯허여도
제주 돌 제주 낭 이기지 못허연
돌 ᄉ이 낭 ᄉ이를 빠져가멍
ᄇ름도 돌이영 낭이영 ᄀ치 숨네다.

제주에 오거들랑 입을 다뭅서
돌도 낭도 ᄇᆞ름도 말을 허는디
미시 거 알미로렌 말을 허쿠가

폭낭 1

폭낭 ᄒᆞ나 이서수다 우리 집 아피
어느 ᄒᆞ르방 때 싱거신지,
싱거신지 모를 폭낭 ᄒᆞᆫ 그루
나멍 보곡 들멍 보곡 만날 봐수다.
주름지고 곰보젼 못생겨서도
만날 보난 조읍대다 거기 이시난
봄 되민 느지기 닢을 피우곡
ᄀᆞ지 올랑 매미 잡곡 폭도 타먹곡
낭 아래서 ᄒᆞᆫ요름 검불려수다.

폭낭닙 떨어정 ᄇᆞ름이 불민
ᄇᆞ름 불민 폭낭닢 귓눈이 왁왁

ᄀᆞ실엔 요름어선 내버린 폭낭
하늬ᄇᆞ름 불러단 하소연 허미엔
이이잉……

이이잉……
이잉 이잉 밤새 웁대다.

폭낭 ᄒᆞ나 이서수다 우리 집 아피
집특곡 담도헐곡 폭낭도 베브련
나 두린 때 놀던 폭낭 어디가수꽈?
무심ᄒᆞᆫ 큰 질만 여기 남기곡……

폭낭 2

앞고리, 앞고리 폭낭
폭낭 거리서
나지도 ᄌᆞ녁이도 잘 놀아수다

폭낭은 징돌, 징돌해연 잘 놀아수다
나지민 다섯개 ᄋᆞ니노리
쟁겸보시 해영 ᄋᆞ니노리
잡히민 폭낭 징돌잡곡
징돌잡앙 살려주렌 외울러수다
해지는 줄 모르게 잘 놀아수다.

고향을 징돌삼아 살젠허여도
뭐행 살미엔 식상에 잡형
외울르는 건 ᄆᆞ심뿐 해가 졈수다

죽머들 애가哀歌

홀ᄅᆞ산漢拏山 터질 데 붉게 솟은 대
타는 몸 시키우젠 바당으로 돌아수다

행여 피빗 솟는 놀 동녘으로 손 내밀민
첫 무심 초즈카 목 내어수다

우러멍 바당엔 전복을 주곡
우리 누이 바당엔 성게도 주켄
바당으로 바당으로 경 돌아수다

발디뎡 못 오민 히영 옵서게
조개왓 바당서 메역도 허게

쟁반여에 돌 뿌리곡 죽머들엔 훼 쒸워도
젓 머기켄 ᄀᆞ슴 연 도랑쉬 우러멍아

나 주경 ᄀᆞ는ᄀᆞᆺ 영화 볼거민
어머니, 울지 맙서 죽머들보멍

관덕청觀德廳

아덜아 오늘은 성내에 가게
성내강 책사곡 삼촌도 보곡
아버지, 보고픈 것 다 못 봐도
관덕청 마당이나 보여줍서게

관덕청 마당은 무사말이고?
나도 크민 관덕청 올랑 큰 소리 웨울루쿠다

경허라 우리 아덜 우리 ᄆᆞᆼ생아
관덕청서 우리 아덜 큰 소리 들게
영주목사 저기 안장 "여봐라!" 허민
제주성 성내 ᄉᆞ름들 헐 말이시냐
목심사 사라도 ᄑᆞ리목심아니가?

아방마씸 ᄑᆞ리 아닌 왕벌되쿠다
영주목사 못되민 왕벌되쿠다

왕벌되영 나쁜 ᄉᆞ름들 침을 주쿠다

경허라 널랑은 왕벌 되영은

못된 영주목사 침 줘불라게

영주목사 안 되거든 왕벌도 좋다.

배염 굴蛇窟

일 년에 비바리 ᄒᆞ나
ᄒᆞᆫ 비바리 바치민 큰 배염 일 년 양식
비바리 ᄒᆞ나 바쳐수다 제비 뽀바네

서린 판관 ᄒᆞ는 말
그 무슨 말인가 어리석은 중생들 내 나가 처단하리 마지막 일이렷다.

판관에게 그 밤 신령 ᄒᆞ는 말
뱀 죽여 앞만 보고 돌아가시오 돌아보면 죽으리니 뱀의 조화요
징 치멍 피리 불멍 비바리 드릴 때 서린 판관 활 당겨 겨낭했구나

천지에 조화 부려 난리치는 큰 배염
돌아가는 그 질에 부르는 소리 뒤돌아 안 보리 다짐했는데
아이고, 뒤돌아봐 판관 죽었네.

서귀포西歸浦

삼천갑자 동방삭인 아니 되어도
이 좋은 부귀영화 어이 버릴까
동남동녀 삼천보내 불로초 캐라
천년을 살리란 진나라 시황

반도남쪽 지나바당 동쪽을 향해
탐라국에 삼신산을 찾아왔구나
불로초를 찾느라고 온산을 헤매
드디어 찾았네 탐라 불로초

돌아가자 진나라로 서녘을 향해
귀국이다 탐라 땅아 우리는 간다
정방폭포 절벽에다 새겨 놓았네
서西로 귀歸하노라 이 포浦구에서

빗진여 항구

피 ᄆᆞ른 ᄉᆞ름광 혼 ᄒᆞ지 말곡
땟거리 봐 ᄀᆞ멍 혼 ᄒᆞ는 거여
ᄒᆞ르방 아방도 늘 허던 말씀.

피 몰라도 우리 피 대신협주게
땟거리사 ᄇᆞ지런행 못 먹읍내까?
ᄉᆞ롬 조콕 얼굴 발난 조은 걸 마씸
어멍 어멍 어떵어코 똘 소원 들어줍서

어멍 돈 외가 돈 ᄆᆞ다 ᄆᆞ아단
배 사그네 때 숨으랜 빚 내어수다.
아방사 모르카 눈 감게 허곡
어멍이 똘한티 배 사줘수다.

ᄇᆞ롬이랑 재워주곡 바당이랑 편안협서 우리서방 바다나강
돈 벌어 오민

동네방네 소문나게 잔치 허쿠다
용왕님 우리서방 살펴 줍서게

배 나강 ᄒᆞ루, 이틀, 사흘이우다
닷새우다, 일레우다, 열흘이우다.

어멍 어멍 우리 서방 배 안보염신게
어떵허코 어떵허코 나 어떵살코
나 가쿠다 이녁 간듸 나도 가쿠다
대정서사 혼 못해도 이여도강 ᄒᆞ쿠다
나 감수다 이녁ᄄᆞ랑 나도 감수다.

ᄒᆞ르방 눈 감겨 노콕
아방도 모르게 비슬 져수다
비즌 가프쿠다 어떵헙네까, 우리 ᄄᆞᆯ 우리 사위 돌려줍서게

빗진 여펜아아! 비지사 죽어도 살아도 감는 거 아니가
비지사 가파도加派島 조코 마라도馬羅島 조추마는 무사 경 주거니 불쌍헌 내 ᄄᆞᆯ아!

ᄒᆞᆨ불근 오름

누게 아라시카 이들 애국충정을
피 흘련 칠백 년 ᄌᆞᆷ들어수다.

ᄀᆞ믄 ᄒᆞᆨ 피에 저젼 ᄒᆞᆨ불근 오름
쇠나 알카 ᄆᆞᆯ이나 알카 무심헌 오름
김통정 장군의 외울름인가?
불근 ᄒᆞᆨ ᄇᆞ삭ᄇᆞ삭 소리치는 피
와사삭 와사삭 칼날의 소리
센 ᄇᆞᄅᆞᆷ도 오름을 비켜감네다
조정이 몰라도 우린 암네다.

육지ᄉᆞᄅᆞᆷ 이저배도 우린 암네다
삼별초 이른 ᄂᆞᆾ 충정의 소리
귀대봅서 들림내께 불근 ᄒᆞᆨ마씸.

ᄆᆞᆼ생이

우라방 ᄎᆞᆺ반지메연 나영 나갈 때
ᄒᆞ르방도 욽유리들런 ᄀᆞ치 감수다
아방은 ᄆᆞ새에 ᄆᆞᆼ생이 보멍
ᄆᆞᆼ생이 잘 크민 나 주켄 마씸.

ᄆᆞᆼ생이 ᄒᆞ나
ᄆᆞᆼ생이 둘
ᄆᆞᆼ생이 셋……
아방은 ᄆᆞᆼ생이 화인을 찍곡
ᄒᆞ르방은 장물로 ᄇᆞᆯ라졈수다.

히이잉, 딱!
히이잉, 딱!
히이잉, 히이잉, 히이잉……
히이잉, 딱!
히이잉, 딱!

히이잉, 히이잉, 히이잉……

외울럼저,

악살햄저,

들락켬져게

ᄆᆞᆼ생이 ᄆᆞᆯ되영 ᄆᆞᆼ생이 날땐

우리 ᄆᆞ새 ᄀᆞ득 ᄀᆞ득, ᄀᆞ득 차쿠다.

기여 기여 아방보다 더 부자되라

이 ᄀᆞ실 ᄒᆞ르방 생각남수다

ᄒᆞ르방도 아방도 모다 가신듸

설룬 ᄆᆞᆼ생이

이래 오라 여기 누라 어디 보게 우리 애기
어멍 손은 약손, 약손 아니가
설룬 새끼 설룬 새끼 설룬 ᄆᆞᆼ생아
이래 오라 여기 누라 어딘고 보게.

ᄒᆞᆫ적 오라 ᄀᆞ치 가게 ᄃᆞ으멍 오라
어멍 손 ᄀᆞ치 자방 ᄀᆞ치가 보게
삼춘 발은 황새 발 멀~지익 멀~지익
설룬 새끼 설룬 새끼 설룬 ᄆᆞᆼ생아!
니발사 뱁새 발 ᄃᆞ으멍 가게.

검불령 가게 이래 오라 요레 안지라
어멍 손 놔그네 검불령 가게
ᄒᆞ르방 발 굼뱅이 발 느~지익 느~지익
설룬 새끼 설룬 새끼 설룬 ᄆᆞᆼ생아!
ᄉᆞ느렁헌 낭아래 강 검불령 가게

고우다

경허민 어떵해여 경허지 말라
조은 건 생각허곡 구진 건 버려
기영 기영, 경허멍 사는 거여게.
우라방 나클 때 경허지 말라
좋은 건 고우다, 곱닥허게
구진 건 고유다, 내어 버리라
점 ᄒᆞ나 잘 찌그민 고운 고우다,
점 ᄒᆞ나 잘못 찌경 고유다 되매
경허난 곱닥허게 고우다 되라
예수님 풀지말앙 복음만 풀라.

* 高우다는 필자가 존경하는 제주함덕교회 고문수 목사님 아들의 이름이다.

중복中伏

ᄌᆞᆷ든 바당 일으킬 ᄒᆞ늘은 청청
ᄇᆞ름도 콩닢서 ᄌᆞᆷ든 오시午時
ᄒᆞᆫ바탕 용의 몸살 휘드렁 지나는지
고로쇠 눈물ᄀᆞ치 질펀한 자리

땡볕 타 올란 황토빛 내는디
자릿배 왔젠 뿔고동 우는 미시未時
우영팟 울가에 ᄑᆞ린감 딴
늘근 삼베 감물드는 제주도 중복

ᄀᆞ는ᄀᆞᆺ 부는 ᄇᆞᄅᆞᆷ

풍다도風多島 | 석다도石多島

여다도女多島 | ᄀᆞ는ᄀᆞᆺ 부는 ᄇᆞᄅᆞᆷ

ᄃᆞ랑쉬 오름月朗峰 | 누님

감꽃 누이 | 아시야 제주살게

겟물지 왓 | 통거리 | 똘아 바당가게 | 이수에 바당

게메게메 게메말게 | 어디 감신고?

화산도火山島 1 | 화산도火山島 2

화산도火山島 3

풍다도風多島

ᄇᆞᄅᆞᆷ은 느린 날 ᄒᆞᆫ적 오랜허고
바당도 자는 날 ᄇᆞᆼ 우렴수다
느직느직 살젠해도 경 못 헙네다
제주선 못 삼네다, 경 해여그넨.

석다도石多島

이래 굴려도 둥굴
저래 굴려도 둥굴
둥굴 둥굴, 둥굴 둥글 살렌 헴수꿰
꼭꼭 안 자사도 부텅이서사
부는 ᄇᆞᄅᆞᆷ 겡해사 안 매려집주.

여다도女多島

아덜도 조추마는 ᄄᆞᆯ이 좋수다
아덜은 아덜이난 ᄆᆞᆼ생이 보곡,
드르사 너른 드르 그냥 이서도
ᄄᆞᆯ어시민 바당이사 ᄂᆞ미거마씸

ᄀᆞ는곳 부는 ᄇᆞ름

ᄀᆞ는곳 ᄀᆞ는 ᄇᆞ름
ᄀᆞ는곳 ᄆᆞ새
ᄀᆞ는곳 ᄀᆞ느롱헌 ᄇᆞ름이 부런
검질메렌 똠나는디 ᄇᆞ름이 불민
애기구덕 물애기도 좀 듬엄수다

ᄀᆞ는곳 ᄀᆞ는 ᄇᆞ름
ᄀᆞ는곳 바당
ᄀᆞ는곳 ᄀᆞ느롱헌 ᄇᆞ름이 부런
터배타랜 앞 바당 ᄇᆞ름이 불민
삼춘 생각 ᄀᆞ느롱 ᄉᆞ근댐수다

ᄀᆞ는곳 ᄀᆞ는 ᄇᆞ름
ᄀᆞ는곳 뒷골
ᄀᆞ는곳 ᄀᆞ느롱헌 ᄇᆞ름이 부런
우리 할망 푸는채질 ᄇᆞ름이 불민

일본 아덜 생각에 ᄌᆞ드름수다

ᄀᆞ는ᄀᆞᆺ ᄀᆞ는 ᄇᆞᄅᆞᆷ
ᄀᆞ는ᄀᆞᆺ ᄆᆞ새
ᄀᆞ는ᄀᆞᆺ ᄀᆞ느롱헌 ᄇᆞᄅᆞᆷ이 부런
ᄒᆞ르방 봉분 우티 ᄇᆞᄅᆞᆷ이 불민
깨지 맙센 ᄀᆞ느롱 ᄇᆞᄅᆞᆷ 붑네다.

ᄃᆞ랑쉬 오름月朗峰

ᄃᆞᆯ트는 ᄃᆞ랑쉬 ᄃᆞ랑쉬 오름
어시름 ᄃᆞ랑쉬 ᄃᆞᆯ트거들랑
ᄃᆞ르멍 ᄃᆞ르멍 가게예 ᄃᆞ랑쉬 오름

이녁허곡 나허곡 ᄃᆞ랑쉬 오름
약조행 가게예 ᄃᆞ랑쉬 오름
ᄃᆞ르멍 ᄃᆞ르멍 감수꿰 ᄃᆞᆯ보레마씸

ᄃᆞᆯ틈전 ᄃᆞ랑쉬 오름에 올랑은
ᄃᆞᆯ보멍 소원빌게 ᄒᆞᆫ적옵서예
ᄃᆞ르멍 ᄃᆞ르멍 가게예 ᄃᆞ랑쉬 오름

누님

아시는 일곱 누님 ᄒᆞ나
우리 큰 누님
큰 ᄄᆞᆯ ᄑᆞᆯ민 어떵 살코 우러멍 하던 말
우러멍 혼자서 다 못허던 일
누님, 누님 우리 누님 아시는 일곱

집보곡, 물지곡, 밥허곡, 검질메곡, 아시업벙 쑥캐곡, 낭해영 짐지
곡, 핵교뭇강 설왕울곡, 불삼당 연기에 눈 멜라정 울고보난 일복터
젼 못 죽은 누님
ᄂᆞᆷ이사 몰라도 난 알암수다.

나 크민 누님, 어떵해주코?
ᄀᆞ라봐도 헛말, 헛말이우다.
누님, 누님 설룬 누님
우리 큰 누님
울멍 ᄀᆞᆷ으멍 경 살아수다.
ᄄᆞᆯ은 큰 ᄄᆞᆯ 아신 일곱 일복진 누님

감꽃 누이

누이야 우리들 고향에 보미 와신디
그 옛날 우리들 감낭엔 어드메서 꽃폄신고
흔적 어신 신작로 우로 옛집은 ᄉᆞ라져도
우리들의 봄은 오고 추억은 ᄑᆞ렁허게 떠돌멍 이치록 숨 쉬는디
그 옛집 감낭엔 어드메서 이 봄 꽃이 폄신고

ᄆᆞᆫ저 펀 널버진 오르방들 닢새로 내 ᄆᆞ습마냥 비치롭게
니 드러내엉 웃던 ᄌᆞᆨ고 신 네 감꽃,
ᄇᆞ름 불민 감꽃 주성 목걸이 걸멍 조아허던 내 누이야!
니 어린 시절은 누게 가져가시니

비ᄇᆞ름 불곡 철 이르민
어멍은 ᄆᆞ진 세월 이길 땡감 땅 절구질허자네냐
아방 헌 옷 감물들이던 어멍 여피서
요린 감씨 주워 먹던 그 시절은 시인 꿈인가 시픈디
어느새 도라보난 사십 고개 넘엄신게

어디서 춪젠해도 정겨움 어선 어멍 몰리던 땡감 씹은 뜰븐 맛
입 다물곡 귀 막아 산 누이 십오륙 년,
눈 ᄀᆞ망 산 오르방들 혼스럴 내 누이야!
우리들 시절에도 비 내리곡 폭풍 지낭ᄇᆞ름이 불민
오르방들 불근 닢새 니 얼굴에 빗일을 때 오거들랑
누이야, 그때가 오민 도랑도랑 밤 세운들 어떵ᄒᆞ크냐

고오베 ᄒᆞ늘이 황사로 얼룩져도
이젠 감꽃ᄀᆞ치 ᄃᆞ시 우슬 널 그렴져
이제사 일러븐 감낭을 ᄃᆞ시 찾게

경허민 오르방덜 닢새로 우슴자울 널 보멍 홍시만 ᄀᆞ릴거여
이 보미, 네 감낭에 ᄌᆞ근 꽃 피우곡
오르방덜 널고 ᄑᆞ린 닢새로 널 감싸주키여
그립고 설룬 감꽃 죽은 내 누이야!

* 일본 고베시에 사는 막내 여동생 편지를 받고

아시야 제주살게

아시야 아시야!
어디 사람시니?
제주섬 집 풀안 서울강 살켄,
서울강 살켄간거 그 언제고

ᄆᆞᆯ은 낭 제주가곡 ᄉᆞ름낭 서울산덴 허멍말이여
남평문가 46대 남제공 ᄒᆞ르방 제주와네 38대
철연 전 고려적 목민관이였져
어리ᄉᆞ근 제주백성 잘 인도허랜
개기ᄆᆞ루 하루방 설촌 ᄒᆞ르방
ᄀᆞ는ᄀᆞᆺ ᄆᆞ실 설촌해연 14대 되염져 핏줄이랑 잊지 말랜 허지 안
해냐
가고대나 잊지말랜 허지 안해냐.
진쟁이ᄆᆞ루 ᄀᆞ족뫼 기억햄시냐?
아방 묻곡 어멍 묻곡 거기 이신듸
아시야 나 죽어도 제주갈 꺼여
나 나콕 아시 난 제주말이여
아시야 언제 올티 제주강 살게

겟물지 왓

겟물지 왓 코난, 코난 밭 ᄒᆞ나
할망 산 때부터 부쳐 먹던 밭
화북양씨梁氏 계로성제結義兄弟 웟대 ᄒᆞ르방
성제매전 부쳐먹던 코난 겟물지 왓

ᄀᆞ운듸 큰 봉분封墳 양칩이 선산
삼월보름 묘제허곡 팔월첫날 소분허곡
아방어신 설룬 애기 ᄌᆞ근 아덜 준
제월밭 못쥔원진 아덜 코난 밭 겟물지 왓

코난 ᄌᆞ근 밭 겟물지 왓에
쇠스랑질 밭갈곡 씨 뿌려수다
ᄀᆞ실이사 허낭 마낭 못 놀련 마씸

성兄이영 바티강 일허랜 허민
성은 담ᄆᆞᆯ 탄 ᄆᆞᆯ 두드리멍

놀당 놀당 바당가곡 ᄆᆞ큰 또 놀곡
고정헌 나 혼ᄌᆞ 일 잘해수다
그 요름 녹디 익으렌 하늘은 타곡
검은 녹디 타단 보난 나도 타수다

성은 바당간 오지 안허고
겟물지 왓 녹디 따단 여름 가수다
볼락볼락 주둥이 닷발 녹디 따수다

이제 빼앗긴 코난 겟물지 왓
계로성제 묘제허곡 소분해신디
양반은 가고 돈만 남안 내노랜 마씸
속 아픈 겟물지 왓 구진정 남곡……

통거리

통거리 ᄆᆞ술밭, ᄆᆞ술바티
니네 나키 오래전,
오래전에 통 ᄒᆞ나 이선
물질어 먹젠 물허벅 지언 사랐져

ᄃᆞᆯ지도 안해연 찝찔헌 통거리 물통
ᄒᆞᆫ질,
두질,
세질,
네질, 두레박 물질
어깨짝 뻔사지게 물지러시네

그 물지런 밥해먹곡 쇠도 물주곡
해보멍 허벅지곡 ᄃᆞᆯ보멍 질어시네
어깨짝 뻔사지게 물질어시네

통거리 ᄆᆞ슬 밭 ᄇᆞ름이 불민
ᄆᆞ슬은 눈,
ᄆᆞ슬은 입,
ᄆᆞ슬은 허벅, 들곡 나곡

나곡 ᄆᆞ살 들곡 ᄆᆞ슬 애먹어시네
ᄆᆞ슬 ᄇᆞ름 통 거리 물질어먹젠.

ᄄᆞᆯ아 바당가게

ᄄᆞᆯ아 뭐햄시니 바당에 가게
ᄒᆞᆫ적 ᄒᆞᆫ적 ᄎᆞ려그네 바당에 가게
물 애기랑 구덕에 정 내가 가크메
닐랑 태왁지곡 검질도 지라.

ᄇᆞᄅᆞᆷ사 속여도 바당은 안 속인다 바당에 가게
막사리 내버령 안 가져가도
바당은 ᄂᆞ미꺼여 ᄒᆞᆫ적 안가민
뭐햄시니 ᄇᆞᆼ우령 ᄃᆞ르멍가게

ᄄᆞᆯ아 뭐햄시니 바당에 가게
아방사 집에 오민 밥해 놀꺼고
아시사 집에오민 소재헐 껀듸
ᄄᆞᆯ아 뭐햄시니 ᄇᆞᆼ우령가게

이수에 바당

이수에 바당꺼진 질 멀어도
질 멀어도 이수에 바당에 가민
잘 왔져게 잘 왔져게 이영 조은 걸

ᄃᆞᆯ일리민 겡이 발발 바아알발 기어가곡
ᄎᆞᆷ보말 먹보말 수돌이보말.
재수조완 ᄌᆞᆸᄊᆞᆯ 구쟁기, 구쟁기 ᄒᆞ나.
이건 뭣고 물컹물컹 벌건물 번번
어멍 어멍 이거봅서 굴맹이우다.

카시 카시 콕콕
솜이여 퀴여
이고 이거보라 머정조안 오분제기여
먹물이여 뭉게잡으라 물렁짝짝……

불치뿌령 ᄑᆞ래뜯곡 짐도허곡

새 미역 멘낭 뜨더노우난
이젠됐저 그만가게 구덕 다 챳저
이거보라 ᄒᆞᆫ 구덕 ᄀᆞ득아니가.

이수에 바당오민 질은 멀어도
이거보라 와보난 영 조은걸
이ᄌᆞ녁사 바룻국 해먹으키여.

게메게메 게메말게

어멍 어멍 들어봅서 나 말이우꽈
던 못 살쿠다 그만 살쿠다
이녁이사 사나 죽으나 이녁뿐인걸
더 사랑 뭐헙네까 내부렁가주.

게메게메 게메말게 게메말이여
오죽허민 경허느냐 경도 헐꺼여

어멍 어멍 들어봅서 나 말이우꽈
ᄒᆞᆫ근 살아보젠 오죽해수꽈
검질메영 좁쏠 멧되 보리쏠 멧되
품풀곡 물질허민 다 뭐헙네까

이녁이사 이녁벌언 이녁 먹는듸
미시거랑 나 혼ᄌᆞ 영 삽네까.

게메게메 게메말게 게메말이여
오죽허민 경허느냐 경도 헐꺼여

어멍 어멍 들어봅서 나 말이우꿰
영 사랑 뭐헙네까 울멍 ᄀᆞᆷ으멍
태왁 ᄒᆞ나 드렁 나서민 어딘들 못갑네까
아무디 ᄀᆞ고대나 말허지맙서

게메게메 게메말게 게메말이여
오죽허민 경허느냐 경도 허주만

이야 이야 경해도 거 무신말고
경해도 살당보민 다 살아진다
아무거영 과람서도 사람시라게

어디 감신고?

저기 ᄒᆞ르방 벙거지썬 어디 감신고?
뒷짐지곡 담뱃대들렁 어디 감신고?
신 고무신 폴자거름 어디 감신고?
느~직 느~직 걷는 거 보난 ᄒᆞ르방이여.

저기 할망 구덕지연 어디 감신고?
훼훼폴락 훼훼폴락 어디 감신고?
저기 할망 구덕보난 장에 감신가?
작대기 지펀 가는 거 보난 우랄망이여.

태왁지곡 검질 지곡 어디 감신고?
이수에 바당 감신가 뱅듸 감신가?
ᄀᆞᆯ중위 몸빼 입은 거 우러멍인가?
술랑술랑 걷는 거 보난 우러멍이여

윷유리 훼추리 ᄎᆞ반지메연 어디 감신고?

검은 식쇠 뿔 오근쇠 송애기모란 어디 감신고?

훠이쩍쩍 훠이쩍쩍 어디 감신고?

ᄎᆞ반지 메연 가는 거보난 우라방이여.

화산도火山島 1

태고적 ᄒᆞᆫ바당 불 부턴 터젼,
솟아올란 노픈 홀ᄅᆞ산漢拏山되고
흘러내련 제주섬, 섬 바당ᄁᆞ지
바당ᄁᆞ지 흘런 바위된 용암龍岩

깨여 일어낭 우는 애기 젖주랴
삼백칠십 ᄒᆞᆫ꺼번에 터져 오르멍
솟아올란 높고 ᄂᆞ진 오름, 오름들
ᄀᆞ심요랑 드러낸 젖무덤이여
쇠ᄆᆞᆯ 먹언 배부른 젖술 봅서게

초원草原 흐르당 거품진 ᄒᆞ공
땅미티 굴되언 숨 쉬염수다
용이 ᄂᆞᆯ개 접엉 깊이든 ᄌᆞᆷ
빛 바래고 엉글언 다 늙은 얼굴
늙음이 서글픈 눈물탑이꽤

화산도火山島 2

감태영 듬북은 ᄌᆞᆺ게 꼴고
불치에 ᄆᆞ른 거름 씨 서꺼노콕
ᄀᆞᆯ채에 다마그네 ᄌᆞᆸ아남수다.

화산 흑 심일코 ᄇᆞ름은 세연
ᄒᆞᆷ마 날라불카 씨 이저불카
콕콕 ᄇᆞᆯ브라
콕콕 ᄇᆞᆯ브라

이산 중에 놀던 ᄆᆞᆯ아 저산 중에 놀던 ᄆᆞᆯ아
어렁 어렁 ᄇᆞᆯ브라 어렁 어렁 ᄇᆞᆯ브라.

화산도火山島 3

화산터전 화산재 제주땅 덮곡
ᄆᆞ른 흑 물 먹언 목마른 섬이우다

어제 온 비 어디 가서 말 물어보난
나 몰라라 날 저뭄 전 시드렁펀펀
내(川)도 밭도 안보고랜 시들렁펀펀

사람은 통거리 물저당 먹곡
테우리 물 ᄎᆞᆽ안 드르헤메곡
통 내놩 빗물 받는 물 귀ᄒᆞᆫ 섬이우다.

십리 백리 땅속 흘런 ᄂᆞ진곳 ᄎᆞᆽ당보난
ᄉᆞᆺ암구나 용천수 물 ᄉᆞᆺ는 섬이우다

물때 마ᄎᆞᆼ 푸십세, 목욕 서답 다허곡
찝찝해도 이 물시민 ᄆᆞ다 험네다

영등할망 내려준 물 솟는 섬이우다

땅 지픠 파수다 이 삼천자나
용암서 단물 솟안 물 좋은 섬이우다.
물 조텐 소문난 제주섬 마씸.

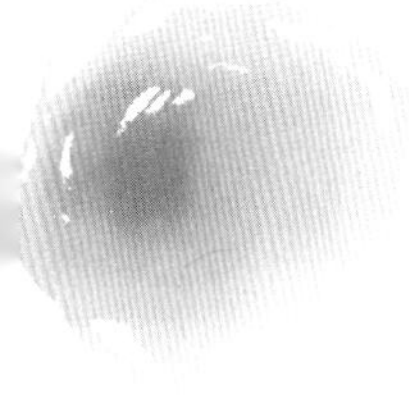

돌아오지 않는 배

칠석七夕 | 만남 1
만남 2 | 만남 3
부모父母 | 막사리
생명生命 | 큰질
돌아오지 않는 배 | 터위 1
터위 2 | 진쟁이 무루 1
진쟁이 무루 2

칠석七夕

이녁ᄒᆞᆫ티 가젠해도 ᄀᆞᆯ 수 어시난
나의 꿈은 ᄒᆞᆫᄀᆞᆺ 꿈인 거 ᄃᆞᆯ마

이녁 ᄌᆞ근 ᄀᆞ심 품을 수 어선
나의 꿈 내 소원이 이녁 향ᄒᆞᆫ 아픔인디

우리 ᄒᆞᆫᄀᆞᆺ 별되엉 갈라정 ᄉᆞᆯ커민
우리 ᄀᆞ치 ᄎᆞ라리 오ᄌᆞᆨ이 되카!

만남 1

봇물 솟구천 난 몸
어멍의 아픔, 그 아픈 피
ᄒᆞᆫ세상 몸으로 ᄉᆞ름서.

택ᄒᆞ연 못 나는 거
ᄒᆞᆯ수어신 피련이주

ᄉᆞ름광 ᄉᆞ름이 만나곡
이웃광 이우치 만나곡
나영 세상도 경 만나는 거라
ᄆᆞ든 게 시작은 어멍의 아픔이주

만남 2

어멍 나준 몸으로 세상 ᄃᆞ 몰라
부모 떠낭 집 나가사 알아져 가메
몸으로 부디쳐사 세상도 알주
지대로 세상 알미 ᄆᆞ다 아픔이라

질도 이저먹어 보곡 방황도 해 보곡
만나곡 헤어정 ᄀᆞ심도 아파봐사
부부가 되어도 ᄒᆞ나ᄀᆞ치 되는 거라
두리 ᄒᆞ나 되미 신비로운 일인디
우리광 ᄒᆞ나님이 만나는 거 담았주께
이후 ᄒᆞ늘나라 지쁜 연습홈이라

두리 ᄆᆞ다 죽노렌 경과라도
경해도 시방은 시이소 타는 거 ᄀᆞ타

만남 3

새늘에 내렸당 ᄉᆞ라지는 이스리카
ᄋᆞ련ᄒᆞᆫ 꿈ᄀᆞ튼 게 우납찐 거 들믄디
몸으로 알 수 어신 그 무엇시코?

나 알기 전 몰랐던 그분 소리
내가 가기 전에 볼써 날 택ᄒᆞ고렌
십자가 보혈의 피 모드 흘려그네
볼써 내 영혼을 사고렌 해연게

그분 흘린 보혈 피 나를 위해서
이 세상의 죄악은 ᄆᆞ다 씻기고렌
그분광 만남이 그 분 아픔이라
내 아픔은 ᄒᆞ나어신 그분 공이라

부모父母

어멍 ᄀᆞ심 알안 더듬젠허난
어멍은 나헌티 멀리 이서수다

어멍 ᄀᆞ심 아시가 ᄎᆞ지해불곡
보릿고개 기인 봄, 기인 나절을
누님 허곡 캔 쑥 범벅해 먹곡
조보리밥 끄니도 못 먹는 날에
ᄌᆞᆷ들민 꿈, 곤밥에 배 불러수다.

원망스런 날들 도리켜보난
어느새 세월이 영 가신고
어느 손ᄎᆞ락 물어도 아프텐허던 말
영 제끼곡 정 제끼난 안 미더수다

ᄇᆞ름 잘날 어신 눈물의 날이
이제 부모되언 생각남수다.

막사리

우리 어멍 ᄀᆞ는곳 시집 올 때에
막사리 ᄒᆞ나어선 못 살암직
앞거리 통거리 위 아래 ᄆᆞ실
이멍 지멍 이사허곡 또 했덴 마씸

더도말곡 덜도말곡 막사리 ᄒᆞ나
축ᄇᆞ름에 ᄇᆞ름 지나도 막사리 ᄒᆞ나
난간어선 비 드려뻐도 막사리 ᄒᆞ나
시집살이 못홀로렌 막사리 ᄒᆞ나
ᄌᆞ냥허멍 ᄌᆞ냥허멍 모았덴 마씸

ᄌᆞ식 새끼 살리젠 막사리 ᄒᆞ나
이멍 지멍 이사말젠 막사리 ᄒᆞ나
더도말고 덜도말앙 막사리 ᄒᆞ나
ᄌᆞ냥허멍 기영모완 구해젠 마씸

생명生命

ᄉᆞ랑씨 ᄒᆞᆫ몸에 고이 ᄌᆞ라난
십순 이십순 ᄂᆞᆯ이 이르고
삼십순 ᄃᆞᄒᆞ연 ᄃᆞᆯ이 차수다.

틀리는 육신 도랑물 흐르고
쥔 손ᄎᆞ락에 피 매쳐수다.
ᄍᆞᆲᄋᆞ지는 아픔에 호흡은 노파지곡
ᄃᆞᆼ기는 풀모개기 맥은 뛰고
ᄉᆞᆫ고의 신음 심 ᄃᆞ해수다.

터지는 봇물 붉은 강되언
홍ᄀᆞᆫ이 ᄌᆞ리, ᄌᆞ리 경 적시멍
ᄒᆞᆫ순간 고요가 ᄌᆞᆨ막을 꿰엄수다.

태초의 외울름 고고한 소리
핏덩이 줄을 ᄃᆞᆯ안 솟아 나옵데다
두 손 불끈쥐언 외울름 소리
“나도 세상 ᄒᆞᆫ번 ᄉᆞ라 보쿠다!”

큰 질

ᄉᆞ름나곡 집났주 집나곡 ᄉᆞ름나수꽈
집은 트더도 ᄉᆞ름은 남곡
ᄉᆞ름은 가도 ᄌᆞ식은 남아수꿰

집 트더도 큰 질나민 조을거우다
큰 집지성 큰 질, 또 그 ᄀᆞ세
큰아덜, 셋아덜, 말재아덜, 족은아덜
몬닥 ᄀᆞ치지성 혼디 살쿠다.
얼마나 조수꽈 새 질날건디

경해도 나 죽음 전 절대 안 된다
울멍불멍 이 막사리 그 어떤 집고
나 죽거든 트드라 나 여기서 죽으켜

돌아오지 않는 배

난 시러수다, 우리 아방이
큰놈이엔 장개 보내곡 대학도 보내는디
공부 잘허난 일등, 반장허난 곱덴허곡
지레 컨 말 잘허곡 잘생겼덴 챙겨주곡
막둥이 몸 약허덴 빼어내영 챙겨주곡
셋놈 나만 똘라븐 ᄆᆞᆼ생이우다.

아방, 어멍 들어봅서
입학만 시켜주민 나대로 허크메
ᄒᆞᆫ번만 봐줍서게 꼭 가프쿠다
대학 ᄒᆞᆫ번 가보는 게 소원이우다

ᄉᆞ정해도 애원해도 안 들어 주난
영 사랑 뭐해여 약먹엉 죽주
질긴 목심 경해도 안 죽어지난
태평양이민 죽어지카

인도양이민 죽어지카
나 죽어도 울 ᄉᆞ름 어시난 바당에서
살당 죽주

경해도 ᄆᆞ진 세월 다 살아보난
앞서 뜬 우라방 생각켬수다
ᄒᆞᆫ번쯤은 나헌티 말해실 거우다

대학 나오곡 교장허난 이 미시겼고
경해도 병아리 새끼덜 조밥 보리밥 못 멕연 사는디
목수허민 쏠밥 먹나 닌 목수허라

이젠 떠나변 돌아오지 못 할 배 탄
타고 가는 우라방아 나 소리 들어봅서

조금만 더 살쿠게
아방 말 내가 대신 과라 줄건디
경도 뺄리 못 돌아올 배를 탑데가!

터위 1

백록담 사슴이 ᄉᆞ라진 게 그 언젠디
보도 못헌 사슴이 그 미신 말고
사슴인지 ᄉᆞ심인지 말허당 보난
흥부네집 맹질 오듯 큰일은 닥치는디

헌맥에 서생원 들랑거리듯
ᄂᆞ진 물도 들랑늘랑
노픈 물도 촐랑촐랑
ᄉᆞᄅᆞᆷ 사는 일이 모ᄃᆞ 쓸 일인디
ᄉᆞ심 안 ᄎᆞᆽ으민 누게 밥 맥여줘

ᄃᆞᆯ랭이 울담에 ᄇᆞᄅᆞᆷ 지나듯
집안일은 모른 체록 지 혼자 왔당갔당
병아리만 깨워노민 저절로 ᄌᆞ라는가
짹짹거리는 건 누게 볼거라

니네방 요망진 거 세상 모두 알아줘도
죽웬 개주민 그 미시거꼬
이여도강 집직곡
터위탕 쟁반여 강 자리나 잡주

니네방 사는 건 타워 타는 일이여!

터위 2

제주섬 고ᄃᆞᆫ허덴 똘라놈으로
창살어서도 도망 못 가난 죄인이엔 가둬노콕
죄어신 섬백성도 죄인덜 맨드라네

우리사 오랜해도 가지안홀 육진디
행여 죄인 도망가카 돛돌지말곡
조공이나 바칠거민 돛돌랜 허느네

질긴목심 살젠허난 먹어사 살주
괴기 잡아 먹언살젠 터위 만들언
제주바당 벗어멍 사라와시네

ᄌᆞ유로운 제주 ᄇᆞ름 그 누게 몰리느니
돌담 새로 왔당갔당 지나댕기덧
제주바당 사나와도 ᄆᆞ습지 안 허느네
터위타난 영조으네 바당도 ᄒᆞ나되영
출랑출랑 하나되영 ᄀᆞ치놀멍 사는 거여

진쟁이 ᄆᆞ루 1

늙은 소낭 둘인 듯 또 셋인 듯
ᄇᆞ삭ᄇᆞ삭 혹 ᄇᆞ삭 혹 ᄇᆞ롬 불고
ᄂᆞ진 드르 멧번 돌앙 또 구비 돌민
서로 둔지 동으론 ᄃᆞ랑쉬우다

노픈오름, ᄂᆞ진오름 오름이우다.
진쟁이 ᄆᆞ루 어딘지 잘 모르쿠다
나 두릴적 허리춤 도시락 메연
줄지선 원족가던 진쟁이 ᄆᆞ루
진쟁이 ᄆᆞ루 어딘지 잘 모르쿠다

나 두릴적 그디 아니 담수다.
아스팔트 큰 질에 차탄 감수다.

진쟁이 무루 2

우리 아방 묻던 날 진쟁이 무루
늦구실 구진 비 브름도 쎄연
블롱블롱 쎈 브름 잘 불어수다.

왜정시대 소핵교 졸업을 허멍
우리 아방 대판大阪간 공부 해수꿰.
신문배달 안경공장 심브름허멍
고스까이 즈냥허멍 공부해수꿰
이틀에 밥은 혼끼 구경 못허고
강냉이 태왕 혼 자왕 물 혼 자왕
먹은둥 만둥 대학 허다네
무심어신 학도병 끌려가수다.

해방되언 하관下官서 군대환 타네
제주 바당 들멍서라 울었젠마씸
질긴 목심 경해도 안 죽어져네,

안 죽어전 할로산漢拏山 다시 보노랜
울멍울멍 제주섬 들고랜마씸

아방 아방 우리방 설룬 우리방
조은 시절 만나민 조은 말허멍
아덜 손지, 뚤 손지 모다 모아당
옛말허멍 옛망허멍 살켄 해신디
왜놈 총도 안 막고, 폭도 총도 안 막고
빨갱이 폭탄도 안 마자신디
어떵해연 그 병만은 못 이깁대가?

우리 아방 묻던 날 진쟁이 모루
늣구실 구진 비 보름도 세게
불릉불릉 쎈 보름 잘 불어수다

구진 일 설룬 일은 모다 불려 동
모큰 모큰 깨지마랑 잘자랜마씸

찾아보기

유채ᄀᆞ장 피민 삼 월이우다

제주드르 제주오름

드르/ 들
진독/ 진드기
곰짝곰짝/ 곰지락곰지락
ᄌᆞ막펑나민/ 주먹 피며 나면
ᄉᆞᆷ듯/ 삶아내듯
ᄎᆞᆯᄀᆞ치 ᄑᆞ령허게 다시 나쿠다/ 꼴같이 파랗게 다시 날래요
ᄀᆞ치 기영 살쿠다/ 같이 그렇게 살 겁니다

1) 제주드르, 들野/ 제주는 농경사회가 아니고 수렵사회였다. 사냥과 낚시와 축산이 일과여서 소나 말을 방목하기 위한 좋은 초장이 필요했다. 좋은 꼴을 얻기 위해선 묵은 풀을 정월 보름을 기해서 불태우는 풍습이 있다.
2) 제주오름/ 제주 각지에 흩어져 있는 370여 개 이상 되는 기생화산들이다. 제주에는 오직 한라산만이 있을 뿐이고 다른 기생화산들은 오름이라고 부른다. 넓은 초원에 펼쳐진 제주의 오름은 마치 여인의 유방처럼 봉긋봉긋 솟아나 곱다. 오름이라는 말은 '오르다'라는 말의 명사로 보이나 실은 몽고어로 산이라는 말이다.

영등할망

ᄌᆞ슬/ 겨울
ᄇᆞᄅᆞᆷ/ 바람
ᄌᆞ녁/ 저녁
밤새낭/ 밤새도록
바당/ 바다

왐젠/ 온다고

1) 영등할망/ 이월 초하룻날 하늘에서 제사를 받기 위해 내려오는 여신으로 이날에 비가 오면 풍년이 들고, 바람이 불면 흉년이 든다고 전해진다. 그러나 제주에서는 해산물을 주관하고, 선원의 안전을 보장하는 자비로운 여신으로 전해 오고, 해녀들의 신앙 대상자이다.
2) 세계물/ 북제주군 구좌읍 세화리 시장동에서 죽머들곳 바다로 나가는 길목의 지명이다.
3) 듬북/ 모자반과에 속한 해초로 바람이 불면 파도에 떠 올라온 것을 거두어 쌓아 두었다가 농사 때에 거름(염화칼리 성분)으로 쓰인다.

철 바뀌염수다

마씸/ 말이에요
ᄀᆞᆷ은게/ 검은 것이
ᄑᆞ래점수꿰/ 파래지네요
유채ᄀᆞ장/ 유채꽃
요름/ 여름

* 요름은 쌍 아래아(· ·)로 써야 하는 발음이나 컴퓨터상에 표기가 불가하여 요름으로 표기한다.
계절의 여름은 요름으로, 열매의 열음은 여름으로 발음하였다. 제주방언(고어) 발음상 다르다.

유채ᄀᆞ장 피민 삼월이우다 1

제주의 한 사람 한 사람은 유채나물처럼 약해 보이지만, 유채꽃이 피어 어우러지듯이 다 같이 꽃을 피우면 새색시 꿈같은 제주는 비로소 하나 되고 힘이 된다.

ᄂᆞ물/ 나물
유채ᄀᆞ장 피민 삼월이우다/ 유채꽃이 피면 삼월이우다
동김치/ 꽃동김치
동세원마씸/ 꽃대를 세워
ᄀᆞ지/ 가지

유채ᄀᆞ장 피민 삼월이우다 2

먹쟈네도 사람직ᄒᆞᆫ/ 먹잖아도 살 것 같은
허주넵데다/ 비방하더이다
맥살 자브멍/ 멱살 잡으며
ᄎᆞᆽ으켄 모라듭데다/ 찾겠다고 모여듭니다
벌겅허게 물들입데다/ 벌겋게 물들입니다
동백ᄀᆞ장 아니라 마씸/ 동백꽃이 아닙니다
시엉허연 신수선이엔/ 하얘서 흰 수선이라
수선ᄀᆞ치 히영해사 살거엔해도/ 수선처럼 하얗게 살 거라 해도
노랑헙데다/ 노랗습니다
ᄆᆞ다 기ᄃᆞ리던/ 모두 기다리던

유채ᄀᆞ장 피민 삼월이우다 3

구분 못ᄒᆞ던 ᄒᆞ늘광 바당이/ 구분 못 하던 하늘과 바다가
이녁의 얼굴을 ᄎᆞ즌거 담수다/ 자기의 얼굴을 찾은 것 닮습니다

그 요름/ 그 여름
물 만난 줌녀들/ 물 만난 해녀들
휘ᄑᆞ룸/ 휘파람
ᄌᆞ슬을 용납ᄒᆞ지 않던/ 겨울을 용납지 않던
바티서 노랑허게 터져남수다/ 밭에서 노랗게 터져 납니다

유채ᄀᆞ장 피민 삼월이우다 4

왐신듸/ 오는데
경해도 보지 못헐/그래도 보지 못할
ᄒᆞᆫ 때 지는 벼티 겨영 누웁데가/ 한때 지는 별에 그렇게 누웠던가요
뵈지 안햄신디/ 보이지 않는데
보멍 드럼수다/ 보며 듣습니다
셋놈/차남(次男)
바당우런/ 바다가 울어서
어떵살코 ᄌᆞ드란/ 어찌 살까 걱정되어
불민의 바당/ 불면의 바다
허잖읍데가/ 하지 않았던가요
너른 치매/ 넓은 치마
혼디살겐/같이 살자

1) 진쟁이 ᄆᆞ루(마루)/ 북제주군 구좌읍 세화리 중산간에 있는 언덕의 지명으로 시인의 선산이 있는 곳이다.
2) ᄃᆞ랑쉬오름/ 구좌읍 세화리에 있는 오름으로 지도상에는 월랑봉(月郎峰)이라고 표기하나 이는 일제 강점기에 개명한 것이고 제주도에서는 아직도 ᄃᆞ랑쉬오름이라 한다.

웡이자랑

새 촐/ 꼴, 풀
왁왁허우다/ 캄캄합니다
싼덴 허연게/ 쌓는다 하던데
황국군인/ 일본군
ᄆᆞ심채원/ 마음 채워서
시어멍/ 시어머니
두건둥이/ 두건동이(유복자/아버지가 죽은 뒤 태어난 아이)
온덴햄져/ 온다고 한다
어떵허느니/ 어떻게 하느냐
무사 경 햄시니/ 왜 그렇게 하느냐
손지/ 손자

1) 웡이자랑/ 제주도에서 아기를 재울 때 아기구덕(바구니)을 흔들면서 부르는 자장가의 후렴조로 제주의 한이 서린 곡조이다.
2) 맨수동(면수동)/ 북제주군 구좌읍 하도리에 있는 동네이름이다.

다원茶園

안잔/ 앉아서
질이우다/길입니다
그탱이/끝머리
그분혼티/그분에게(한테)
곱닥혼 질이우다/ 아름다운 길입니다

다우茶友

ᄃᆞᆷ견/ 담겨
더 시인 너울을 둘련/ 더 하얀 너울 두르고
ᄋᆞ느 ᄎᆞᆷ에/ 어느 사이에
안겸수다/ 안깁니다
ᄉᆞᆱ보당/ 삶보다
ᄯᆞ르멍 보민/ 따르며 보면
아롱헴수다/ 아롱집니다

다색茶色

이 무신 비치꽈/ 이 무슨 빛일까
곱닥ᄒᆞᆫ/ 고운
요트고/ 얕고
요튼/ 얕은
순박ᄒᆞᆫ ᄆᆞ심 ᄀᆞ튼/ 순박한 마음 같은
잔광 더불언 더 곱닥ᄒᆞᆫ 색色인 거슬/ 잔과 더불어 더 고운 색인 것을

다향茶香

내미/ 내음
ᄃᆞ숲의 향내라마씸/ 다숲의 향기 말이에요
ᄃᆞᆯ디ᄃᆞᆫ 물을/ 달디단 물을
ᄉᆞᆯ째기 달구멍…… 노콕/ 살짝 달구어…… 놓고
ᄃᆞ기에 ᄒᆞᆫ 술 노앙 숨 죽영 열민/ 다기에 한술 놓아 숨 죽여 열면
ᄀᆞ슴지피 ᄀᆞ득ᄀᆞ득/ 가슴 깊이 가득가득
ᄀᆞ치 드러봅주게/ 같이 들어 봅시다

1) 가마금/ 남해안의 좋은 차가 생산되는 지명
2) 용담정/ 동학교주인 최제우가 머물며 도를 깨우쳤다는 곳으로 경주시 현곡에 위치했다. 이곳의 맥반석에서 솟아나는 물은 일품이다. 현제 경주시 문화제로 보호되고 있다.

다미茶味

ᄒᆞᆫ닙 혀에 뒨 다시 구르난/한 입 혀에 두고 다시 구르니

* 가나/ 이스라엘 갈릴리 지방의 마을 이름으로 예수님이 잔치에 참여했다가 포도주가 떨어지자 물로서 포도주를 만드셨는데 이 포도주를 맛본 손님들이 처음 포도주보다 나중의 것이 맛있다고 하였다.

문주란 1

남녀킈/ 남녘의
ᄇᆞᄅᆞᆷ/ 바람
물술/ 물결
알만ᄒᆞᆫ디/ 알 만한데
지나바당/ 중국해(동지나해, 남지나해)
ᄌᆞ술/ 겨울
ᄆᆞ술밭/ 모래밭
겡이/ 바다 게
보멍/ 보며
내미/ 냄새
ᄌᆞ글려돈/ 간질여 놓고
지실地實/ 감자
ᄐᆡ개/ 토끼

문주란 2

외울러수다/ 소리쳤수다
시도록 백골 ᄀᆞ치/ 희도록 백골같이
쑥도 나기 전에/ 싹도 나기 전에
이녁은 ᄆᆞ슬/ 자기는 모래
뭐랜헙데가/ 뭐라던가요
신빛내민 벗해줄로랜/ 흰빛 내면 벗해 주리라
추구립대다/ 부추깁니다
맨도롱허게/ 미지근하게
ᄃᆞ틋허게/ 따뜻하게
왓싹허게/ 뜨겁게
비치로왕 어떵헙네까/ 부끄러워 어떡합니까

문주란 3

죠만은 ᄌᆞ근 것도/ 교만은 작은 것도
내버리쿠다/ 내버리겠습니다
심도 빼곡 살크라마씸/ 힘도 빼고 살 겁니다
신비치우다/ 흰 빛이우다
틔끼 벗허젠/ 토끼 벗 하자고
일 어수다게/ 일이 없습니다
ᄌᆞ슬ᄇᆞ름/ 겨울바람
ᄌᆞᆷ녀/ 해녀

이별초

이녁오기 ᄒᆞᆫ철 기ᄃᆞ려수다/자기 오기를 한 계절 기다렸수다
잎 지언 지철/ 잎이 지어 제철

내밀당 야개기 다 빠집데다/내밀다 모가지 다 빠지네요

지나ᄀᆞ는디/ 지나가는데

ᄎᆞᄀᆞ실/ 초가을

ᄂᆞᆯ 가고 ᄃᆞᆯ 가도/ 날 가고 달 가도

헤어정 피는 ᄀᆞᆽ이라/ 헤어져 피는 꽃이라

제주에 오거들랑 입을 다뭅서

고향의 봄 꿈

다친 ᄒᆞ늘을 열언/ 닫힌 하늘을 열어
에덴ᄀᆞ치 ᄋᆞ련ᄒᆞᆫ 으납/ 에덴같이 아련한 안개
둘렁봐도 뵈지 안해연/ 둘러봐도 보이지 않는데
ᄒᆞᆫ ᄌᆞ락을 유채바티 펼쳐노왕/ 한 자락을 유채밭에 펼쳐놓아
가둬 봐시민/ 가둬 봤으면

경해도 모른채록 살려줍서게

경해도 모른채록/ 그래도 모른 듯이
ᄆᆞ심 마충 사는 게/ 마음 맞춰 사는 것이
조은 일이주/ 좋은 일이지

* 제주 4 · 3사건/ 1948년에 일어난 4 · 3사건(항쟁)으로 일컬어지는 이 사건은 4월 3일 새벽에 제주 각지의 높은 산에서 봉화가 오른 것을 필두로 전도의 경찰서와 지서가 불타고 작게(국가통계)는 2만 명에서 많게(미국 존 메릴 교수/잠들지 않는 남도)는 8만 명, 또 한편에는(소나무사 간행/제주항쟁) 10만 명에 이르는 많은 사람들이 사망 또는 실종하였는데 당시 제주도민은 30만 명이 넘지 않았으므로 이는 제주도민의 1/4에서 1/3 이상이 죽어 간 한 맺힌 사건이었다.

진드르 왕벗 낭

왕벗 낭/ 왕벗나무

내렴십데다/ 내리고 있더이다
저트록 ᄑᆞ랑ᄒᆞᆫ디/ 저토록 파란데
저트록 푸렁ᄒᆞᆫ디/ 저토록 푸른데
그실련 곰보진/ 그을려 곰보진
울타리 우이/ 울타리 위에
ᄆᆞᆰ짜앙ᄒᆞᆫ디/ 맑은데
시ᄑᆞ렁ᄒᆞᆫ디/ 시퍼런데
멘도롱ᄒᆞᆫ디/ 미지근한데(따뜻한데)
모름네다, 경허민 이건/ 모릅니다, 그러면 이건
ᄀᆞ망 새로 배리던/ 구멍 사이로 바라보던
쇠막광 도세기우리 속이서/ 외양간과 돼지우리 속에서
외울름은 듣지 못해연/ 소리침을 듣지 못하여
우린 싱겨수다/ 우리는 떨었습니다
쏙느렁험이/ 싸늘함이
우러멍 ᄀᆞᆯ중의 보당 더 벌건 ᄀᆞᆷ불거진/ 우리 어머니 갈중이보다 더 붉어 검붉어진
ᄌᆞ슬을 드리키지 아니헙데가/ 겨울을 들이켜지 않던가
신 반ᄌᆞᆷ이 설룹게/ 흰 반점이 서럽게
누게도 모를 신 ᄂᆞᆪ/ 누구도 모를 흰 넋
ᄂᆞ진 지붕우이/ 낮은 지붕 위에

1) 진드르/ 제주시 동쪽에서 조천읍으로 가는 길에 있는 벌로 그 옛날 일제 강점기에 비행장으로 쓰던 곳이다.
2) ᄀᆞᆯ중의/ 제주사람들이 노동할 때 입는 노동복으로 초여름에 풋감을 따서 짓이겨 삼베나 광목 등의 옷감에 물들여서 만든다.

제주에 오거들랑 입을 다뭅서

제주에 오거들랑 입을 다뭅서/ 제주에 오거들랑 입 다무세요
선 듯 안진 듯 마러시 이서뵈도/ 선 듯 앉은 듯 말없이 있어 보여도

거기시멍 ᄆᆞ다 봐수다/ 거기 있으며 모두 봤는데
몰란 술랑이는디/ 몰라 살랑이는데
미시 거 알미로렌 말을 허쿠가/ 무엇을 아노라 말할 건가요
빠져가멍/ 빠져가면서
ᄇᆞᄅᆞᆷ도 돌이영 낭이영 ᄀᆞ치 숨네다/ 바람도 돌이랑 나무랑 같이 삽니다

폭낭 1

폭낭/ 팽나무
어느 ᄒᆞᄅᆞ방 때 싱거신지/ 어느 할아버지 때 심었는지
나멍 보곡 들멍 보곡 맨 날 봐수다/ 나며 보고 들며 보고 매일 보았수다
맨 날 보난 조읍대다 거기 이시난/ 매일 보고 있으니 좋습디다 거기 있으니
ᄀᆞ지 올랑 매미잡곡 폭도 타먹곡/ 가지 올라 매미 잡고 팽(팽나무 열매)도 따 먹고
낭 아래서 ᄒᆞᆫ요름 검불려수다/ 나무 아래서 한여름 쉬며 보냈수다
ᄇᆞᄅᆞᆷ불민/ 바람 불면
귓눈이 왁왁 / 눈코가 캄캄(정신이 없어)
ᄀᆞ실엔 요름어선/ 가을에 열매 없어서
두린 때/ 어릴 때

폭낭 2

앞고리/ 앞거리
나지민 다섯개 ᄋᆞ니노리/낮이면 술래잡기
다섯개/ 술래놀이와 비슷한 놀이
쟁겸보시 해영/ 가위바위보 하여
외울러수다/ 소리쳤습니다

살젠허여도/ 살려 하여도
뭐행 살미엔/ 무엇을 하며 사노라고
시상에 잡형/ 세상에 잡혀서
ᄆᆞ심뿐 해가 졈수다/ 마음뿐 해(年)가 갑니다

* 앞고리(앞거리)/ 한자로는 전항동(前巷洞) – 앞전, 거리항인데 북제주군 구좌읍 세화리에 있는 동네 이름이다.

죽머들 애가哀歌

터질 데/ 터질 때
바당으로 돌아수다/ 바다로 뛰었수다
첫 ᄆᆞ심 초즈카/ 첫 마음 찾을까
경 돌아수다/ 그렇게 뛰었수다
발디뎡 못 오민 히영 옵서게/ 발 디뎌 못 오면 헤엄쳐 오세요
젓 머기켄/ 젓 먹이겠다고
나 주겅 ᄀᆞ는곶 영화 볼거민/ 나 죽어 세화리 영화(榮華) 볼 거면

1) 죽머들곶(竹/대나무, 머들/바위) 북제주군 세화리 앞바다에 있는 대나무처럼 가느다랗게 뻗어나간 곶(지리상에 육지에서 송곳처럼 길게 뻗어나간 곳, 예 – 장산곶, 장기곶)
2) 조개왓/ 죽머들서 쟁반여까지 이르는 해역
3) 쟁반여/ 이어도처럼 죽머들 바다 앞에 있는 조그만 해저섬으로 쟁반처럼 둥글다고 생긴 이름
4) ᄃᆞ랑쉬오름(월랑봉)/ 죽머들 곳 바다 앞에서 멀리 보이는 기생화산 오름
5) ᄀᆞ는곶/ 가늘세(細), 꽂화(花), 가느다란 꽂이란 말의 세화리 지명의 고어음古語音

관덕청觀德廳

웨울루쿠다/ 큰소리치겠습니다
경허라 우리 아덜/그래라 우리 아들
성내 ᄉᆞ롬/ 성안에 있는 사람
목심사 사라도 ᄑᆞ리목심아니가?/ 목숨이야 살아도 파리 목숨 아닌가?

* 관덕청: 제주시 남쪽 중심에 있는 제주도에서 유일한 국보 건물로 고려시대에 건축되어 영주목사가 정사를 보고 사열받던 곳이다.

배염 굴蛇窟

비바리/ 아가씨
바치민/ 바치면
바쳐수다/ 바쳤수다

* 배염 굴(사굴/蛇窟)은 북제주군 구좌읍 동김녕리 만장굴 가기 직전에 있다. 만장굴이 발견되어 관광지로 개발되기 전에는 유명 관광지였으나 지금은 붐비지 않는다. 사굴 입구에는 큰 뱀을 죽이고 뒤돌아봐서 죽었다는 서린 판관(제주도지사)의 공적비가 서 있다.

서귀포西歸浦

서귀포西歸浦의 지명은 진시황제가 동남동녀 3천 명을 보내어 제주 한라산에서 불로초를 캔 뒤에 서쪽에 있는 중국으로 귀환해서 돌아간 포구라는 뜻에서 유래하였다.

빚진여 항구

피/ 혈통(가족관게)
땟거리/ 먹을거리
ᄉᆞ롬조콕 얼굴발란 조은걸 마씸/ 사람 좋고 얼굴 바로 생겨 좋은 것을요
ᄆᆞ다 ᄆᆞ아단/ 모두 모아다가
때 ᄉᆞᆷ으랜/ 먹을거리 삼으라고
빚진예펜아/ 빚진 여인아

1) 빚진녀는 남제주군 대정읍 모슬포에 있는 항구의 이름이다. 대정읍은 고려조 때 영주목(제주도), 대정현(군) 소재지이고 위와 같은 전설로 하여서 대정항구는 빚진여 항구라고 전해진다. 육이오 때 생긴 육군제일훈련소가 있는 곳도 이곳이다.
2) 혼結婚: 제주도에서는 결혼이라는 말은 흔히 잔치한다는 말과 통용된다.
3) 대정읍 앞에 보이는 섬이 가파도加派島고 거기서 더 남쪽에 보이는 섬이 한국 최남단 유인도인 마라도馬羅島이다.

ᄒᆞᆨ불근 오름

누게 아라시카/ 누가 알았으랴
ᄀᆞ믄 ᄒᆞᆨ 피에 저젼/ 검은 흙 피에 젖어
ᄇᆞ삭ᄇᆞ삭/ 바스락 바스락
이저배도 우린 암내다/ 잊어버려도 우리는 압니다
귀대봅서 들림내께/ 귀 대 보세요 들립니다요

* 삼별초, 김통정 장군, 흙붉은오름/ 고려 24대 원종 1270년, 몽고에 항복한 데 의분을 품고 항쟁했던 사람들이 여몽(고려+몽고)연합군에 쫓겨 강화도-진도-제주(탐라)로 들어와 항쟁하던 중 3년 만에 완

전 토벌되었다.
이들의 최후 항쟁지가 북제주군 애월읍 항파두리성이고 김통정 장군과 그 휘하들이 자결한 피가 오름을 물들여 '흙붉은오름'이라고 부른다. 1969년 12월 박정희 대통령 때 이들이 역적의 누명을 벗게 되었고 그 자리에는 항몽순의 비가 세워지고 항파두리 성이 복원되어 역사의 현장으로 전해지고 있다.

ᄆᆞᆼ생이

ᄆᆞᆼ생이/ 망아지
ᄎᆞ반지/ 대바구니로 만든 도시락
윷유리/ 윷유리나무로 만든 회초리
외울럼져/ 소리치네
악살햄져/ 악을 쓰네
들락켬져게/ 몸부림하네

* ᄆᆞ새와 화인火印: 봄가을로 우마牛馬 숫자를 점검하기 위해서 방목지 중의 일부를 돌담으로 쌓은 후 그곳으로 우마를 집결시켜 새로 난 어린것들을 화인(불도장) 찍어 방목 중에 증표 삼았다.

설룬 ᄆᆞᆼ생이

ᄒᆞᆫ적오라/ 얼른 오라
ᄀᆞ치가게 ᄃᆞ으멍오라/ 같이 가자 뛰어오너라
검불령가게/ 쉬었다 가게
요레 안지라/ 여기 앉아라
ᄉᆞ느렁헌 낭아래 강/ 시원한 나무 아래 가서

고우다

고우다/ 예쁩니다
기영, 경허멍 사는 거여게/ 그래 그래 그렇게 사는 것이야
곱닥허게/ 곱게
경허난/ 그러니

중복中伏

줌든/ 잠든
자릿배/ 자리돔을 잡던 통나무 터위
왔젠/ 왔다고
우영팟/ 텃밭
늘근 삼베/ 낡은 삼베

ᄀᆞ는곳 부는 ᄇᆞ름

풍다도風多島

ᄒᆞᆫ적 오랜허고/ 빨리 오라 하고
ᄇᆞ우렴수다/ 재우칩니다
경 못 헙네다/ 그렇게 못 합니다
경 해여그넨/ 그렇게 해서는

석다도石多島

살렌 헴수꽤/ 살라 합니다
안 자사도/ 안 쌓아도
부텅이서사/ 붙어 있어야
경해사 안 매려집주/ 그래야 안 허물지요

여다도女多島

ᄄᆞᆯ어시민/ 딸이 없으면
ᄂᆞᆷ이거/ 남의 것

ᄀᆞ는곳 부는 ᄇᆞ름

ᄀᆞ는곳/ 필자의 고향인 북제주군 구좌읍 세화리로 가늘세細, 꽃화花 자를 쓴다.
ᄀᆞ느롱헌 ᄇᆞ름/ 실바람

애기구덕 물애기/ 아기 요람 어린 아기
검질메렌/ 김을 메라고
터배/ 뗏목
ᄉᆞ근댐수다/ 소곤거립니다
푸는채질/ 키질
ᄌᆞ드롬수다/ 걱정합니다

1) 애기구덕: 제주도에만 있는 풍습으로 애기를 흔들어 재울 수 있는 대로 만든 구덕(바구니)이다. 밑면은 보리수나무 같은 것으로 로링할 수 있도록 되어 있고 어머니들이 밭에 갈 때 등에 지고 가서 일하고 다시 지고 온다.
2) 터배(터위): 통나무로 역어서 만든 뗏목이다.

ᄃᆞ랑쉬오름月朗峰

ᄃᆞ르멍 ᄃᆞ르멍 가게예/ 달리며 달리며 갑시다
ᄃᆞ르멍 감수꿰 ᄃᆞᆯ보레마씸/ 달리며 갑시다 달 보러 말이에요
ᄒᆞᆫ적옵서예/ 빨리 옵서예

* ᄃᆞ랑쉬오름: 제주도 370여 개의 기생화산 중에서도 월색 좋기로 이름나서 월랑朗峰이다. 오히려 이보다는 제주에서 쓰고 있는 옛말 그대로 ᄃᆞ랑쉬오름은 더욱 정겨운 제주의 이름이다. 시인의 필명은 이곳 월랑봉에서 따왔다.

누님

아시/ 아우, 동생
큰 ᄄᆞᆯ 풀민/ 큰딸 시집가면
검질메곡, 아시업벙 쑥캐곡, 낭해영 짐지곡, 핵교못강 설왕울곡, 불삼

당 연기에 눈 멜라 정 울고/김매고, 아우 업고 쑥 캐고, 나무해서 짐 지고, 학교 못 가 서러워 울고, 불 때며 연기에 눈 매워 울고
허단보난/ 하다 보니(그러다 보니)
ᄀᆞ라봐도/ 말해 봐도
ᄀᆞᆷ으멍/ (눈)감으며

감꽃누이

감낭엔/ 감나무엔
꽂폄신고/ 꽃 피고 있을고
ᄉᆞ라져도/ 사라져도
ᄑᆞ렁허게 떠돌멍/ 파랗게 떠돌며
이치룩/ 이처럼
ᄆᆞᆫ저 편 널버진/ 먼저 펴서 넓어진
비치롭게/ 부끄럽게
니 드러내엉/ 이 드러내
ᄌᆞᆨ고 신/ 작고 하얀
철 이르민/ 계절이 이르면
땡감 땅/ 땡감을 따서
ᄎᆞᆽ젠해도/ 찾으려고 해도
빗일을 때/ 빛을 잃을 때
ᄀᆞᆯ릴거여/ 가릴 거야

아시야 제주살게

어디 사람시니/ 어디에 살고 있니
집 풀안 서울강 살켄/ 제주섬 집 팔아 서울 가 살겠다고
개기ᄆᆞ루 하루방 설촌 ᄒᆞ르방/ 개기마루 할아버지 설촌 할아버지

* 북제주군 세화리 마을은 광산 김씨와 남평 문씨 할아버지가 살면서부터 마을이 형성되기 시작했다고 한다.

겟물지 왓

겟물지 왓 코난 밭/ 겟물 진 밭 모난 밭
산 때부터/ 살았을 적부터
계로성제/ 의형제
소분허곡/ 벌초하고
제월밭/ 봉제사를 하는 턱으로 내려지는 밭
성은 담믈 탄 믈 두드리멍/ 울담을 말 삼아 말을 두드리며
고정헌/ 고지식한
녹디/ 녹두

* 겟물지/ 겟가(바다)란 말로 바람이 불거나, 해일이 일면 겟(바다)물이 진다고 해서 나온 것으로 생각된다. 제주에서 왓이란 말은 밭이란 말로 쓰인다. 예: 백새기왓, 앞굴앗, 찡이왓 등. 이와 달리 녹남밭, 밴밭, 혹담밭이란 지명도 쓴다.

통거리

통거리 모슬밭, 모슬바티/ 우물거리 모래밭, 모래밭에
물질어 먹젠/ 물 길어 먹으려고
지언 사랐져/ 지고 살았지
ᄃᆞᆯ지도 안헌/ 달지도 않은
해보멍 ᄃᆞᆯ보멍/ 해 보며 달 보며

1) 통거리/ 현재 세화리 통항동(桶巷洞)은 모래밭 가운데 이뤄진 동네로 우물이 있었다.

2) 제주에는 물이 귀했다. 한 마을에 우물이 하나 정도였다. 여인들이 물을 길으려면 물허벅(물을 긷는 데 쓰는 주둥이가 작고 속은 둥그런 질그릇)을 지고 우물까지 1Km~2Km는 걸어야 했다. 진종일 해녀일 하랴, 밭일 하랴, 쉴 겨를이 없어서 해 뜰 시간이나 달 뜰 시간을 이용하여 물을 길어야 했다. 행여 바람이라도 부는 날이면 모래바람 이는데 그 낭패함은 또 어떠했을까?

ᄄᆞᆯ아 바당가게

뭐햄시니/ 뭐 하느냐
가크메/ 갈 터이니
검질/ 검불
내버령/ 내어 버려두어서
ᄂᆞ미꺼여/ 남의 것이야
ㅸ우령 ᄃᆞ르멍가게/ 재우쳐 달리며 가자
아방사/ 아버지야
보말/ 작은 고동 종류들

1) 태왁: 잠녀들이 해산물을 따서 넣어 두기 위한 것, 그물이 딸려 있고 부표 역할을 하며 헤엄을 치다 피곤하면 짚고 헤엄을 칠 수도 있는 다목적 도구다.
2) 검불: 물에서 나와서 불을 쪼이기 위한 건초를 말한다.

이수에 바당

바당꺼진 질 멀어도/ 바다까지 길 멀어도
이영 조은걸/ 이렇게 좋은걸
ᄃᆞᆯ일리민/ 돌 일으키면
ᄌᆞᆸ쏠 구쟁기/ 소라 작은 것

굴맹이/ 군소
솜, 퀴/ 말똥성게, 보라성게
뭉게잡으라/ 문어 잡아라
불치뿌령/ 재를 뿌려서
ᄑᆞ래뜯곡 짐도허곡/ 파래 뜯고 김도 하고
멘낭 뜨더노우난/ 몇 그루(몇 개) 뜯어 놓으니
구덕 다찻져/ 바구니 다 찼네

1) 오분자기/ 구멍이 다섯 개 뚫린 작은 전복으로 전복 종류로서는 제일 작다. 다 큰 것이 손바닥 절반 크기가 안 된다. 제주에서는 바릇국, 된장뚝배기, 회, 젓갈 등으로 맛있게 쓰인다.
 머정조안/ 운이 좋아서
2) 바릇국/ 제주도 사람들이 특히 좋아하는 해물국으로 각종 해물과 해초를 넣고 끓이다 메밀가루를 한 움큼 풀어 끓이며 참기름을 쳐서 먹으면 그 맛이 일품이다.

게메게메 게메말게

게메게메 게메말게/ 글쎄 글쎄 글쎄 말이야
나 말이우꽤/ 나 말이에요
던 못 살쿠다/ 더는 못 살겠어요
더 사랑 뭐헙네까 내부렁가주/ 더 살아서 뭐 합니까 내 버리고 가지
오죽허민 경허느냐 경도 헐꺼여/ 오죽하면 그러겠느냐 그렇기도 하지
ᄒᆞ근 살아보젠 오죽해수꽈/ 어떻게 해서라도 살아 보려고 오죽했을까요
검질메영/ 김매고
물질허민/ 해녀일 하면
미시거랑…… 영 삽네까/ 뭐라고…… 이리 삽니까
태왁 ᄒᆞ나 드렁 나서민/태왁 하나 들고 나서면
아무디 ᄀᆞ고대나/ 어디를 가거나
아무거영 과람서도/ 뭐라고 말하던지

사람시라게/ 살고 있어라

* 태왁: 제주에서 좀녀(해녀)들이 채취한 해산물을 담아 두기 위한 해녀의 장비 중 하나로 박으로 만든(요즈음은 플라스틱이나 스티로폼을 이용하기도 한다) 부위(부표)와 그 아래 매어 단 작은 그물망으로 이루어졌다.

어디 감신고?

구덕지연/ 바구니 지고
작대기 지펀/ 지팡이 짚고
태왁지곡 검질/ 태왁 지고 검불(불 땔 것)
뱅듸/ 구좌읍 평대리의 제주도 말
갈중위/ 풋감을 따서 물들인 제주특산 노동복
술랑술랑 걷는 거 보난/ 살랑살랑 걷는 거 보니
윷유리 훼추리 추반지메연/ 윷유리나무 회초리 대나무로 만든 점심바구니 메고
검은 식쇠 뿔/ 검은 식용소(몽고군이 일본 침략 시 가지고 온 식용소) 뿔
송애기모란/ 송아지 몰며

화산도火山島 1

바당ᄁ지 흘런/ 바다까지 흘러서
ᄀ심요랑/ 가슴 열어
쇠ᄆᆞᆯ 먹언 배부른 젖술 봅서게/ 소말 먹어서 배부른 젖살 보세요
ᄂᆞᆯ개 접엉 깊이든 ᄌᆞᆷ/ 날개 접어 깊이 든 잠
엉글언/ 곰보저서

화산도火山島 2

불치에 ᄆᆞ른 거름/ (불타고 남은)재에 마른 거름
ᄀᆞᆯ채에 다마그네/ 삼태기에 담아서
ᄒᆞᆨ 심일코/ 흙 힘을 잃고
ᄒᆞᆷ마 날라불카/ 까딱하면 날라 버릴까
이저불카/ 잃어버릴까
ᄇᆞᆯ으라/ 밟으라

1) 제주도의 농사법/ 제주도 밭은 자갈이 널려 있는 밭이 많고 흙은 화산으로 타 버려서 화산재가 깔려 지력이 없다. 그래서 농사를 짓기 위해서는 몇 곱절의 힘을 들여야 한다.
2) 해초/ 감태(미역과 비슷하게 생긴 갈조류 식물)나 듬북(모자반과에 딸린 해초종류) 등을 말려서 밭에 깔고 씨는 마른 돼지거름, 나뭇재 등을 섞어서 뿌리지 않고 손으로 집어 놓는다.
3) 곡식을 뿌리고 말로 밭을 밟는 까닭/ 씨를 뿌리고 곡식을 그냥 내버리면 바람에 모두 날리므로 말을 풀어서 꼭꼭 밟아 두어야 씨를 내고 자랄 수 있다.

화산도火山島 3

ᄆᆞ른 ᄒᆞᆨ/ 메마른 흙
말 물어보난/ 말 물어보니
안보고랜/ 안 보았다고
테우리/ 말 모는 목동
통 내놩/ 통을 내놔서
ᄎᆞᆽ당보난/ 찾다 보니
물때 마ᄎᆞᆼ/ 썰물과 밀물 때를 맞춰서
물 조텐/ 물 좋다고

1) 4~5개를 제외한 대부분 제주도 하천은 화산토 때문에 비가 올 때만 물이 흐르고 이내 말라 버리는 건천이다.
2) 용천수는 화산토 지하를 흐르는 강이 고도가 낮은 바닷가에 이르러서 솟아오르는 샘물로 제주 해변 곳곳에 산재해 있다.

돌아오지 않는 배

칠석七夕

이녁ᄒᆞᆫ티 가젠해도/ 자기한테 가려 해도
ᄀᆞᆯ 수 어시난/ 갈 수 없으니
ᄒᆞᆫᄀᆞᆽ 꿈인 거 ᄃᆞᆯ마/ 한갓 꿈인 것 같아
이녁 향헌 아픔인디/ 자기 향한 아픔인데
한ᄀᆞᆽ 별되엉/ 한갓 별이 되어
ᄎᆞ라리 오ᄌᆞᆨ이 되카/ 차라리 오작이 될까

만남 1

택ᄒᆞ연 못 나는 거/ 선택하여 못 나는 거
ᄒᆞᆯ수어신 피련이주/ 할 수 없는 필연이지
ᄉᆞ롬광 ᄉᆞ롬이 만나곡/ 사람과 사람이 만나고
이우치/ 이웃이
나영 세상도 경…… / 나와 세상도 그렇게……

만남 2

세상 알미 ᄆᆞ다/ 세상 아는 게 모두
질도 이저먹어 보곡/ 길도 잊어먹어 보고
ᄀᆞ심도 아파봐사/ 가슴도 아파 봐야
ᄒᆞ나ᄀᆞ치/ 하나같이
지쁜 연습ᄒᆞᆷ이라/ 기쁜 연습함이라
죽노렌 경과라도/ 죽노라고 그렇게 말해도

시이소 타는 거 ᄀᆞ타/ 시이소 타는 거 같아

만남 3

ᄉᆞ라지는 이스리카/ 사라지는 이슬일까
ᄋᆞ련ᄒᆞᆫ 꿈ᄀᆞ튼 게/ 아련한 꿈같은 게
우납찐 거 ᄃᆞᆯ믄디/ 안개 낀 것 닮은데
사고렌 해연게/ 샀다고 하는데
ᄒᆞ나어신/ 하나도 없이

부모父母

ᄀᆞ심 알안/ 가슴을 알게 되어서
이서수다/ 있었습니다
ᄎᆞ지해불곡/ 차지해 버리고
곤밥/ 쌀밥
손ᄎᆞ락/ 손가락
영 제끼고 정 제끼난 안 미더수다/ 이렇게 제쳐 놓고 저렇게 제쳐 놓으니 안 믿었습니다

막사리

막사리/ 오막살이집
드리뼈도/들이 삐어도
축ᄇᆞ름/ 축대
못ᄒᆞᆯ로렌/ 못 하겠노라고
ᄌᆞ냥허멍/ 저장하면서
기영모완/ 그렇게 모아서

구해젠/ 구했다고

생명生命

ᄉᆞ랑씨/ 사랑의 씨
ᄃᆞᄒᆞ연 ᄃᆞᆯ이 차수다/ 다하여 달이 찼네요
손ᄀᆞ락/ 손가락
ᄍᆞᆲᄋᆞ지는/ 짧아지는
ᄃᆞᆼ기는 ᄑᆞᆯ모개기 맥은 뛰고/ 당기는 팔목 맥박이 뛰고
ᄉᆞᆫ고의 신음 심 ᄃᆞ해수다/ 산고의 신음 힘 다했네요
ᄌᆞᆨ막을 꿰엄수다/ 적막을 깨웁니다
외울름 소리/ 외치는 소리
ᄒᆞᆫ번 ᄉᆞ라 보쿠다/ 한번 살아 볼래요

큰 질

큰 질/ 큰길
ᄉᆞ름나곡 집났주/ 사람 나고 집 났지요
트더도/ 뜯겨도
몬닥 ᄀᆞ치지성 ᄒᆞᆫ디 살쿠다/ 모두 같이 지어 함께 살 거예요
울멍불멍/ 울며불며

* 시인이 살던 북제주군 구좌읍 세화리 1234번지 집은 부모님이 고생 끝에 처음 마련한 집으로 부모님과 팔남매 열 식구가 살았다. 누님과 형과 시인은 이곳에서 자랐고 다섯 형제자매는 낳고 자란 곳이다. 그러나 1992년도에 6차선 도로확장공사로 모두 뜯기고 13평만 칼끝처럼 남았을 뿐이다.

돌아오지 않는 배

시러수다/ 싫었습니다
곱덴허곡/ 곱다 하고
지레 컨/ 키가 커서
셋놈/ 차남(次男)
가프쿠다/ 갚겠습니다
ᄯᆞᆯ라븐 ᄆᆞᆼ생이/ 따로 떨어 놓아 버린 망아지
영 사랑 뭐해여/ 이렇게 살아서 뭐 합니까
울 ᄉᆞ름 어시난/ 울어 줄 사람이 없으니
대신 과라 줄건디/ 대신 말해 줄 건데

터위 1

ᄉᆞ라진게/ 사라진 것이
보도 못헌/ 보지도 못한
그 미신 말고/ 그게 무슨 말이고
ᄉᆞ심/ 사심(私心)
말허당 보난/ 말하다 보니
맹질오듯/ 명절 오듯
헌맥/ 낡은 망태기
ᄃᆞᆯ랭이/ 작은 밭떼기
니네방/ 너희 아버지
요망진 거/ 똑똑한 것(똘망한 것)
이여도강/ 이여도에 가서
터위(터배)탕/ 뗏목을 타서

터위 2

고든허덴/ 고단(고독)하다고
맨드라녜/ 만들어서
돗둘지말곡/ 돛을 달지 말고
사라와시녜/ 살아왔지 않느냐
살젠허난/ 살려고 하니
므습지 안 허느녜/ 무섭지 않지
영조으녜/ 이렇게 좋지 않으냐
ᄀ치놀멍/ 같이 놀면서

* 정부는 제주 섬을 유배지로 만들어 죄인을 가둬 두었고 죄 없는 제주 백성들도 못 움직이게 돛단배를 띄우지 못하게 하였다.

진쟁이 ᄆ루 1

소낭/ 소나무
이디가…… 모르큰게에/ 여기가…… 모르겠네요
나 두릴적/ 나 어릴 적
줄지선 원족가던/ 줄지어 소풍 가던
큰 질에 차탄 감수다/ 큰 길에 차타고 갑니다

진쟁이 ᄆ루 2

늦ᄀ실/ 늦가을
심ᄇ름/ 심부름
고스까이/ 아르바이트
ᄌ냥허멍/ 저장하며(저축하며)
강냉이 태왕 혼 자왕/ 옥수수 타서 한 공기

또다시 봠젠/ 또 다시 본다고
들고랜마씸/ 들어섰다고
살켄 해신듸/ 살겠다고 했는데

에필로그

아버지 청암靑岩을 기리며

제주 문가는 탐라국지에 고, 양, 부씨에 이어 4번째로 등장하는 성씨이다. 필자는 남평南平 문가文家 시조始祖 다多자 성省 할아버님의 46대손四十六代 孫이다. 우리가 제주도濟州道에 입도入島한 것은 지금부터 일천一千 년 전 고려조高麗祖 때이다. 육지 다른 지방과 달리 당시 제주도는 탐라국 고씨왕가王家高氏에서 치리하였고 제주목사(제주도지사)는 외교와 국방만을 담당하였는데 제주 문가로 제주도에 처음으로 입도하여 정착한 착할아버지는 고려정부가 제주도에 보낸 도지사로 총독처럼 부임해 오신 것이다.

처음으로 제주濟州에 입도入島한 19대十九代 착(字)할아버님의 시호는 남제공南濟公이신대 뜻을 돌이켜 보면 제주濟州로 건너오신 후後에 불린 것으로 보인다.

고려조高麗祖는 이분을 가나군君으로 봉奉했는데 이는 한 고을 임군으로 성주城主의 버금 자리인 탐라국耽羅國 왕자王子 자리를 말한다. 이분이 제주濟州 입도入島 1대조一代祖이시다.

조선 최초 산업혁명 기수이신 문익점(강성군) 할아버지는 24세손으로 18대 할아버지 두 아들 중 장남 연자 할아버지 자손이고 차남인 착자 할아버지는 제주도로 오셔서 남제공南濟公派 중시조가 되셨다.

제주 문가濟州文家는 화성이파, 칠머리파, 윤남굴파, 매촌파 4개 파보가 있다. 이 중 우리 칠머리파는 본래本來 소남굴파였는데 칠머리파로 연합聯合하게 된 원인은 소남굴파의 한 부류는 선조인 우리 할아버님과 형제兄弟 항렬로 나타나서 다른 파로 나누어지게 되어 이에 아버지가 제안하셨다고 한다.

"우리가 나뉠 것이 아니라 두 선조先祖의 아버지인 31대代 익자 할아버님을 같은 선조先祖로 하는 칠머리파를 만들자." 하므로 이에 모든 친족親族이 좋게 여겨서 제주시濟州市 칠머리에 묘소를 둔 익자 할아버님을 선조先祖로 하는 칠머리파가 발족發足게 되었다.

칠머리 8대代 후손後孫인 입자立字 할아버님은 제주시濟州市에서 동東으로 오던 중 세화細花 땅에 도착했는데 당시 세화細花에는 촌락이 없었고 입자立字 할아버님과 광산光山 김씨金氏가 거주居住하게 됨으로써 비로소 세화리細花里 마을을 설촌하게 되었다.

이분의 4대 후손이며 필자에게는 증조부 되시는 명자 우禹 할아버지는 거상巨商으로 제주마濟州馬를 관리, 운송하는 일을 책임지셨는데 조정은 증조부님에게 통덕랑通德郞이라는 벼슬을 하사하였다. 이는 조선조朝鮮祖 정오품正五品 문관文官의 품계品係이고 그 아버지인 고조부 성

成자 용龍 할아버님은 경복궁 오이장이란 벼슬을 하사받았다. 또한 조부이신 직直 할아버지는 통덕랑의 아들로서 가선대부嘉善大夫가 되셨는데 이는 종이품宗二品인 문무관文武官에게 하사하던 벼슬이었다.

두斗자 언彦, 본인의 부친父親은 사남四男 일녀一女 중 막내로 14세歲 때 아버님을 여의셨으나 공부가 소원인 아버님은 제주濟州와 일본日本 하관下關을 왕래하던 제관濟關 연락선을 타고 일본日本 오사카로 가서 공장工場을 전전하며 주경야독으로 중·고등학교를 졸업하시고 경판상업대학京板商業大學을 다니던 중 일본군에 징집되어 일본군으로 제2차 대전에 참전 중 해방을 맞으셨다.

해방 이후解放以後 귀국歸國하여 교육계에 투신한 부친父親은 20세 초에 교사敎師를 시작始作하여 27세에 교감敎監이 되고 39세에 교장敎長이 되셨다. 부친父親은 61세에 담석증수술을 받고 요양 중 도교육청의 요청으로 후배들의 입지를 위하여 40년간 몸 바쳐 온 교육계를 공로퇴직하셨다.

67세 11월, 담로가 막혀서 서울대학병원大學病院에 1개월간 입원入院하여 계시던 중 1990년 9월 28일(음력)에 서울대병원 의사와 간호사를 대동하여 비행기를 타고 본가本家에 도착하여 40분 후에 소천하셨다.

부친은 쾌활하고 인화하셨고 재담에 능하여서 많은 이에게 즐거움을 주셨다. 또한 교장敎長선생 달리기에서 1등을 하고 탁구대회에서도 1등을 하는가 하면 윷놀이는 프로급이었고 풍금을 잘 타고 노래도 잘하셨다.

은퇴 후 제주노인대학濟州老人大學 학생장學生長과 북제주군노인대학北

濟州郡 老人大學 교정教長 등 왕성한 활동活動을 하셨다. 은퇴 직후에 제주문화방송국濟州文化放送局에 출연出演하여 한 대담對談 중 말씀을 들어보면 유치원을 경영하고 싶다고 하였는데 아쉽게 돌아가셨다.

제주 4·3사건 때는 제주인구 30만명 중 1/4인 8만 명(미국 존 메릴 저 「잠들지 않는 남도」 증언)~1/3인 10만 명(소나무 「제주항쟁」 증언)이 죽는 사건 중에도 생명生命을 보존保存하셨고 6·25전쟁을 거치는 등 실로 힘겨운 시절에 우리 5남3녀를 키우고 가르치느라 고생을 다하셨다.

또한 아버님은 남평문씨南平文氏 세화細花 문중 가족공동묘지 설립에 많은 애를 써 이뤄 내었고 세화 문중의 문장門長으로 오래도록 일하셨다. 또한 칠머리파를 연합하며 파보장이 되었고 1988년도에는 남평 문가 제주도濟州道 종친회宗親會 회장會長 직職을 역임하셨다.

오늘 고인이 되신 아버지 청암을 기억하며 그 뜻을 전하고자 한다. 나는 자손들에게 작고하신 선조의 이야기를 전한다. 첫째는 하나님에 대한 믿음을 준수하고, 둘째는 조상에 대한 근본을 바로 알고, 셋째는 우리 집 가훈인 '제시간에 제자리에서 제 할 일(時空事)'를 다하는 자녀가 되기를 바란다. 이제 소천所天하여 4주기를 맞는 오늘, 그분을 그리며 이 글을 자손子孫들에게 남긴다.

1994년 11월 1일(음력 9월 28일)
월랑 문 희 주

문희주

▮약 력

濟州道 細花里 出生
영남대학 졸업
장신대학원 졸업
경주문예대학 졸업
한국[문학21] 신인상 수상 시인 등단
한국[생활문학] 문학평론가 등단
제주문인협회 회원
목양문학회 회원
재중한인문인협회 회원
연변시인협회 회원
외항선 1등기관사로 다년간 외국항해
중국 연변해양대학 기관학과 교수
교무처장, 부학장, ISO관리자대표 역임
중국 연변삼애자연농원유한공사 이사장
China CMA 아카데미 원장

▮시 집

「갈매기의 꿈」
「당신의 바다」
「열리는 새날에」
「실크로드 순례자」 출판준비 중

▮수필집

「두만강변의 슬픔」
「내 사랑 중국」

▮저 서

「프리칭 훈련」
「열린수업의 실제」
「새 선원 기초교육」
「국제윤리」
「논문작성법 이론과 실제」
「실크로드 행전」

http://cafe.daum.net/mooncafe
e−mail: ybmhj@hanmail.net
延吉市公園路延西街公新濱河嘉園5−2−8号

유채고장 피민 삼월이 우다

초판인쇄 | 2010년 7월 30일
초판발행 | 2010년 7월 30일

지 은 이 | 문희주
펴 낸 이 | 채종준
펴 낸 곳 | 한국학술정보㈜
주　　소 | 경기도 파주시 교하읍 문발리 파주출판문화정보산업단지 513-5
전　　화 | 031) 908-3181(대표)
팩　　스 | 031) 908-3189
홈페이지 | http://ebook.kstudy.com
E-mail | 출판사업부 publish@kstudy.com
등　　록 | 제일산-115호(2000. 6. 19)

ISBN 978-89-268-1219-8 03810 (Paper Book)
978-89-268-1220-4 08810 (e-Book)

이담Books는 한국학술정보(주)의 지식실용서 브랜드입니다.